曹雪芹传

王金锋　编著

国文出版社
·北京·

图书在版编目（CIP）数据

曹雪芹传 / 王金锋编著. —— 北京 ：国文出版社，
2025. —— ISBN 978-7-5125-1850-6

Ⅰ．K825.6

中国国家版本馆CIP数据核字第20249VJ608号

曹雪芹传

编　　著	王金锋
责任编辑	罗敬夫
统筹监制	杨　智
责任校对	周　琼
出版发行	国文出版社
经　　销	国文润华文化传媒（北京）有限责任公司
印　　刷	文畅阁印刷有限公司
开　　本	880毫米×1230毫米　　　32开
	6.5印张　　　　　　　　140千字
版　　次	2025年3月第1版
	2025年3月第1次印刷
书　　号	ISBN 978-7-5125-1850-6
定　　价	59.80元

国文出版社
北京市朝阳区东土城路乙9号　　　　　邮编：100013
总编室：（010）64270995　　　　传真：（010）64270995
销售热线：（010）64271187
传真：（010）64271187-800
E-mail：icpc@95777.sina.net

曹雪芹(约 1715—约 1763 年),名霑,字梦阮,号雪芹、芹圃、芹溪。清代小说家。满洲正白旗包衣(奴仆)。

自曾祖曹玺(约 1620—1684 年)起,三代任江宁(今江苏南京)织造,祖父曹寅(1658—1712 年)尤为康熙帝(1661—1722 年在位)所信用。但至雍正帝(1722—1735 年在位)初年,受朝中政治斗争牵连,父曹頫(约 1696—?)被免职,产业被抄没,遂迁居北京。

曹雪芹生于江宁,早年经历了一段富贵繁华的生活,受过良好的文化教育,家道衰落后北迁,趋于贫困。晚年居北京西郊,因爱子夭折感伤成疾,年未五十而卒。为人性情放达,嗜酒健谈。工诗善画,尤长于小说。

曾以十年时间,从事《石头记》(即《红楼梦》)的创作。该书描绘了贾府这一贵族大家庭由繁盛到衰败的过程,以及包括贾宝玉与一群红楼女子在内的许多人物的悲剧命运,隐含曹氏家族的背景和作者的人生体验,成为中国古典长篇小说中成就最高的写实主义作品。

目　录

第一章

锦衣玉食的童年

出身官宦世家

江流滚滚,昼夜不停。古称龙盘虎踞的石头城江宁,虽不及当年六朝时的繁华,然而,作为大清帝国在江南施行政令的头号重镇,它依旧保持着一个水陆交通发达的大都会所特有的气魄与风致。

大约是为了显示满族封建统治者统一中国的功绩,清王朝把明朝称作南京的这一地方改为南唐时的旧称江宁,江宁府治就设于城内。其实,这个地方在之前也称金陵。

在府治东北角,总督衙署前边有一条叫利济巷的大街。这里坐落着一处较江宁府治和总督衙署更为富丽恢宏的建筑群,这便是赫赫有名的曹家江宁织造署的所在地。

曹家江宁织造署是一座外观略呈正方形的大院落。织造署门前蹲坐着两只高大雄健的汉白玉石狮子。据说,这是一种显示主人身份与威严的镇物。从高大的朱漆大门看进去,院子深不可测,宛如当朝王公巨卿的府邸。

时值盛夏,整个衙署院落里,林木葱郁,枝柯相接,竹树联袂投于地下的浓荫,与天际山雨欲来的滚滚乌云叠合,恰像一个硕大的华盖笼罩下来,让人感觉有些压抑和沉闷。

曹家当时屡遭不幸,非常不顺利。康熙五十一年(1712年),最受康熙皇帝宠爱信赖的江宁织造曹寅去世了。经过这

位老皇帝的特谕恩准,曹寅的长子曹颙承袭了父职,继任江宁织造。

谁想这曹颙命运不济,刚接任不满三年,就身染重病,因医治无效,于康熙五十三年(1714年)命归黄泉。康熙哀痛之余,可怜曹家屡遭变故,人丁不旺,为了挽救这一家族的颓运,特传下诏书,命曹寅已亡故的弟弟曹宣的儿子曹頫过继到曹寅名下,以侄为子,承嗣曹寅一脉的香火,仍袭任江宁织造这一重要世职。

康熙对于曹家真是恩泽有加,关照无微不至。这中间的干系,还得从曹家的先祖曹世选说起。曹世选又名曹锡远,原为汉族人,祖籍江西南昌武阳镇。

明朝时,曹世选曾任沈阳中卫的地方官。明熹宗天启元年(1621年),清太祖努尔哈赤攻陷沈阳,曹世选于乱军中被俘虏,沦为满洲旗主的奴隶。不久,他跟了多尔衮部,被编入汉军旗籍。

曹世选的儿子曹扼言,年轻骁勇,也随父亲加入了多尔衮的军旅。后来他因作战有功,转入满洲正白旗籍,担任佐领的军职。

清世祖顺治六年(1649年),曹扼言追随已做了摄政王的多尔衮西征大同,多次立下战功。

满人入主中原以后,曹扼言历任山西平阳府吉州知州、大同府知府,一直升到浙江盐法参议使。曹家的地位逐渐显赫起来,由奴才一跃而成了世代享受俸禄的官宦之家。

曹扼言后来被调回北京,分派到宫廷内务府,直接为皇室服务,隶属正白旗包衣汉军。从此,曹家与掌握政权的皇室建立起了一种十分特殊而亲密的主奴关系。

曹扼言生有两子,长子曹鼎,次子曹玺。由于曹家有直接为皇室服务的机缘,曹玺的夫人曾有幸被选进宫内,当了太子玄烨幼时的乳母。玄烨后来继位做了皇帝,就是康熙帝。

等到康熙登基做了皇帝,曹玺便自然而然地受到了这位新皇上特别的信任与关照,成为康熙的亲信近臣。这样一来,曹玺对内是皇帝的忠实奴才,对外能代表皇帝,如同皇帝亲命的钦差大臣一般。

皇帝有什么特殊使命,往往交给像曹玺这样信得过的奴才去办。康熙登基的第二年便委曹玺以重任,派他到江南去,担任江宁织造之职。曹家从此更加显贵起来,移居江南达六十年之久。

江宁织造表面上只是一个替皇室督办丝绸、染织,采买各项衣物货品,专向宫廷内务供应的官署,其实不然。康熙派曹玺去南方,还交给他一项秘密的重要使命,就是要他到那里在暗中做皇帝耳目,帮助康熙了解江南的社会动态和吏治民情。

在当时,大清帝国建立未久,南方一些地方的反清斗争还没有完全停止。特别是有一些明末的旧臣宿儒,耻于做顺民,仍有较强烈的反清复明情绪。这都有待于最高统治者恩威并施,用大力气去做细致的团结与争取工作。

曹玺有相当的文化修养,他既是汉人,又属旗籍,兼有这两重身份,担任这项职务,当然是最为合适的人选了。所以,康熙派他到江南专差其任,并赋予他"有事可以直接向皇帝密奏禀报"的特权。有着这一层关系,曹家就在江宁深深扎下了根。

曹玺的儿子曹寅、曹宣长大后,更受到康熙皇帝的特别恩

宠。曹寅少年时,就到皇宫里做康熙的伴读。在十六岁时,担任了康熙皇帝的御前侍卫。

曹寅十分聪敏勤学,饱读经史,擅长琴棋书画,诗也写得特别好。加上他又有卓越的政治才干,所以,当曹玺于康熙二十三年(1684年)病逝后,没有过多久,康熙就命曹寅承袭父职,继任为江宁织造。

从曹玺算起,到曹頫这一代,祖孙三代四人,总共做了五十九年的江宁织造。康熙皇帝一生六次南巡,四次都以曹寅任内的江宁织造署为行宫。由此可见,康熙皇帝与曹家的关系,确实非比寻常。

由于这些关系,曹頫的两个女儿也都被选为宫妃。曹家可谓煊赫一时。几十年间,真有所谓"烈火烹油,鲜花着锦之盛"。

遗腹子的降生

曹頫在康熙五十四年(1715年)三月初六,开始走马上任。那时候,曹颙的丧事刚刚料理完毕,整个织造府还处在举哀守丧之期。不要说亲族妻室个个都身着孝服,连家中丫鬟仆役一辈人等,也一律只许穿皂色或月白色素装。妇女不簪花饰,不施脂粉,连廊下挂的鹦鹉似乎都哑了,不再像往昔那样多嘴多舌。

转眼间到了这年的五月,有一天,天空阴云越聚越浓重,闪电划过,紧接着便响起"轰隆隆"的雷声。一阵凉风挟着蚕豆般大的雨滴"噼噼啪啪"落了下来——好一场暴风雨。

在大雷雨中，曹府内宅里人影幢幢，进进出出，好像在忙着一件什么要紧的事情。不多时，曹颙寡妻马氏分娩的喜讯传了出来。这喜讯首先由丫鬟禀报到曹寅的遗孀李老夫人居住的"萱瑞堂"："恭喜老祖宗，贺喜老祖宗，大太太喜得贵子，给您抱了长孙了啊！"

李老夫人闻讯自然是乐得眼含喜泪，简直合不拢嘴儿，真个是喜出望外。自打丈夫曹寅和儿子曹颙不幸相继亡故，她是日日想，夜夜盼，就指望着身怀六甲的寡媳马氏能为曹家生育个男孩。那样也算曹家祖上有德，血脉宗室有继了。果然苍天有眼，李老夫人感觉，可要好好报答佑福曹家的神灵啊！

一时间，喜讯不胫而走，大家都知道曹府添人进口，得了一位小少爷。这位遗腹子，便是后来写出《红楼梦》这一文学巨著的伟大作家曹雪芹。

再说那日，曹颙寡妻马氏分娩生下一男婴的喜讯传到织造衙署正堂，正在处理公务的曹頫闻讯，当然也显出一副喜庆的模样。他连连说："同喜，同喜。天恩祖德。"但内心里不免掠过一丝莫名的苦涩滋味。

按照祖上传下来的规矩，堂兄曹颙既已过世，自己又是奉当朝皇上钦命，名正言顺过继给伯父曹寅做了儿子的，那么，这遗腹而生的侄儿，也就应该当作亲生儿子一样，他应该自觉承担起做父亲的责任。

然而，这遗腹子到底并非己出，再加上他自知自己夫人生性是一个心地褊狭的人，日后不要在这孩子身上闹出些磕磕绊绊

的事才好。

还有一个原因，在封建社会里人们大都迷信，日常生活中有诸多禁忌。譬如丈夫死了，妻子生下遗腹子来，闲言碎语的议论就很多。什么这孩子命硬啊，未来到世间就克死了亲爹啊；什么"白虎星降世"啊，长大是个"孽障"啊……

曹頫还算是个知书识礼的人，虽然这些观念影响着他，但他表面自然是不会显露出来的。曹頫立即放下公务，略微整一整衣着，离开衙署，快步赶回到内宅"萱瑞堂"，向母亲请安。这位母亲，就是曹頫昨日还唤作伯母的曹寅遗孀李老夫人。请安施礼后，曹頫便在一旁落了座。

"多日干旱，今日降了喜雨。大太太又在这'轰隆隆'的雷声里生下贵子，真可谓是双喜临门啊！我说呢，这就是上天的恩赐，咱曹家福缘不浅啊！"李老夫人掩饰不住自己的激动之情，对儿子先说了话。

"是的，是的，母亲。入夏以来，就数这场雨声势大，下得透。这孩子乘龙而来，莫不是雷公爷爷给咱曹家送来的骄子？哈哈哈……"曹頫竭力顺应着李老夫人的话。

不知什么缘故，李老夫人眉宇间略略显出些不愉快来。她白了曹頫一眼，嘴角嗫嚅着，却并没有再说出什么话。这时，曹頫似乎意识到了自己回话的唐突，赶紧从上衣口袋里掏出白丝巾手帕，擦拭额头渗出的涔涔汗水。

试想，雷公原是凶神恶煞的，哪里会有送子娘娘的慈善与吉祥呢？果真是雷公爷爷送子，那么这孩子长大以后，保不定也会成为一个不守本分、桀骜不驯的孽障。曹頫自知失言，讪讪地微微低下头去。

"我看我这孩子有些来头,随着天上的甘霖降到世间,倒很应着一个吉字。呼雷闪电的,说不定是天神送他降世下凡排就的鼓乐、仪仗呢!送子娘娘栉风沐雨地把他护送到我家,只怕将来必是个大福大贵之人。我看就应着这场及时好雨,先为我这娇孙孙起个名字才是正经事。"李老夫人见多识广,很会说话,气氛顿时祥和了许多。

"母亲说得极是,孩儿这就去翻查一下经书。"这曹頫深知祖辈的家风,为子孙起名字都十分讲究,要出于经书。依照先祖都取单字为名的先例,曹頫很快地从《诗经·小雅》的《信南山》篇,找到"益之以霢霂,既优既渥,既霑既足"这样的吟咏喜雨的诗句,念诵给李老夫人听。

李老夫人比较再三,最后选定了一个"霑"字。霑就是雨露润泽之意。就这样,这孩子的本名叫"霑"。

李老夫人很满意她的这个长孙命名为"霑儿",她虽说未必听得懂《诗经》里"既优既渥,既霑既足"的话,但"霑"字从"雨"从"沾",很为贴切和吉祥,很合她的心意。

李老夫人觉得,这个名字还有更深一层的意思,便喜滋滋地教训儿子说:"咱们曹家,世世代代蒙受皇恩,得当朝万岁爷大力提携扶持才生生不息,有了今天。咱们不就仗着霑润皇恩祖德吗?赶紧命人把这喜讯报到宫里去。万岁爷要是知晓了,说不定会多替咱家高兴呢!"

李老夫人的话说得并不夸张,曹家能有显赫的局面,确是霑润了皇恩祖德的。于是,"曹霑"这个名字,就有了两重含义。

李老夫人指望着这位遗腹而生的乖孙孙，能够维系曹寅一门的命根子，希望他长大后能够继续霑润皇恩、承嗣祖业、报效朝廷、光宗耀祖。

抓阄的预示

转眼一年过去，小霑儿快满周岁了。像曹府这样大的官宦人家，孙儿周岁，算是一桩喜庆大事，必定要热热闹闹大大操办一下的。何况小霑儿乃是老织造曹寅、曹颙一脉遗腹单传的根苗，日后曹家盛衰，万贯家资，将全系在他一人身上，这周岁生日自然应当办得越隆重越好。

大户人家也要借这样那样的机缘，彼此走动走动，联络联络，有事也好互相通个吉凶，有个照应。一则亲戚总是会越走越近的，二则收受礼品也会有一项可观的收入。

康熙五十五年（1716 年）刚一入夏，曹府上下就忙活开了。为霑儿办周岁的帖子刚刚发出去，远亲近邻、各方宾朋都纷纷前来。送贺礼的人络绎不绝，几乎要把曹家门槛踏平了。

曹家虽非皇室，却有几门有名望、有权势的亲戚。现任苏州织造李煦，即是曹寅的大舅子，也就是曹雪芹的奶奶李老夫人的亲哥哥。这李家同曹家一样显赫，甚至有着几乎一样的发迹经历。

李煦的母亲文氏与曹寅的母亲孙氏，几乎同时给幼时的玄烨（康熙）做过乳母，两家后来的联姻，也是因为有着这一层关系。曹寅之子曹颙死后，就是这位做舅舅的李煦领了皇命，选定曹頫过继给曹寅做子嗣，继任江宁织造之职的。

现如今妹夫曹寅、外甥曹颙都不在世了，幸喜外甥媳妇马氏为曹家生下这个遗腹子，正应该大庆大贺一番。李家早早备下厚礼，派家仆由苏州送来。到时候，李煦也要亲自到江宁来向妹妹祝贺。

再说富察氏傅鼐是曹寅的妹夫。这傅鼐的先祖额色泰，早年跟随清太宗皇太极出征，驰骋疆场立下过赫赫军功，荫及子孙，傅鼐也算京中显赫的家族了。

娘家有了这等添人进口的大喜事，姑奶奶自然是很放在心上的。玉坠金锁乃至大红绸缎一应礼品，均由傅鼐的妻子曹夫人亲自选定。很快，礼单就送到曹府，礼品即日也就要送到了。

更有平郡王纳尔苏系曹寅的长婿，也就是曹雪芹的姑父了。纳尔苏是大贝勒礼烈亲王代善的五世孙。代善是清世祖努尔哈赤的第三子，皇太极的哥哥。这可是曹家一门货真价实的皇亲啊！

纳尔苏的儿子福彭比曹雪芹大几岁，听说大舅母生了个遗腹子，天天嚷嚷着要去见一见名唤"曹霑"的这位来历不凡的小表弟。

曹家的显贵亲戚并不止这一些。加上慕名来投靠的，借故来续宗的，官场中的同僚，不远不近的朋友，还有攀龙附凤之辈，趋炎附势之徒，真个是来客如云。

这场生日大戏的主角，自然是抱在马夫人怀里那个刚满周

岁的小婴儿,也就是曹雪芹。曹雪芹刚学会爬,还不会走路,在妈妈怀里一蹿一蹿的,非常活泼可爱。

而这场大戏的中心人物,自然就属曹雪芹的祖母了。曹家的老祖宗李老夫人因为孙儿满周岁的生日非常高兴。她的兴致出奇地好,满是皱纹的脸颊,像聚着两朵盛开的菊花。

那些显贵的亲戚、客人,都聚集在她的萱瑞堂里,各自寻找着机会,凑上去向李老夫人贺喜,说一些叫老太太高兴的吉祥话。

小霑儿本是由他的生母马氏抱着的,这时,曹頫的妻子王夫人走过去,从马氏怀里接过来,马夫人便自觉退到了众人后边。

因为曹頫已经过继给曹寅为子,小霑儿应叫曹頫爹爹,叫曹頫的妻子王夫人妈妈,对自己的生母马夫人就只能喊娘了。

夏时天热,小霑儿赤条光光,只系着一副绣花红兜肚儿,脖子上和两只小手腕上戴着闪闪发光的金项圈和手镯,项圈下端挂着一块宝玉和一个锁状的饰物。据说,宝玉可以避邪,金锁、银锁象征着长命百岁。

小霑儿一双水汪汪的眼睛,滴溜溜地东瞅瞅、西看看,他可能不明白这么多人都是干什么的。人们争着用手指头在他的小脸蛋上轻轻拂弄逗他开心,有的还伸手要抱抱他。他有些认生,或者厌烦的时候,就会"哇"的一声哭起来。

旧时有抓周的习俗。就是在给孩子过周岁生日的时候,把纸、墨、笔、砚、书卷、字画,以及居家过日子的各种生活用品、玩具等物件,摆在桌子上,或摆在床上,让孩子用小手随便去抓取。

如果先抓取了书籍,便说这孩子将来必有出息,仕途发展就算有希望了。如果抓取了算盘，便预示他长大会经商，虽于仕途无望，但由商致富，也不负家人的一番苦心养育。最忌讳只去抓吃食、玩具之类的，因为那些东西代表吃喝玩乐，抓那些东西说明孩子将来只知道吃喝玩乐，岂不要于国于家都无望了吗？这当然是一种带有迷信色彩的陋习，一个人一生的生活道路，最重要的是受家庭、社会的影响，哪里会是随便一"抓"，就可以预测终身事业的呢？

　　小霑儿的周岁庆典上，精心安排了"抓周"这项活动。只见萱瑞堂的红漆几案上，摆满了曹府里能找得到的各式各色的物件。挨着"四书五经"、朝笏顶戴，不知是谁还放上了女眷施用的胭脂、水粉，戴的钗簪、耳环，五光十色，琳琅满目。李老夫人从儿媳王夫人怀里接过小霑儿，先在他的小脸蛋上亲了亲，然后扶他趴到几案边上，任凭他一双胖乎乎的小手去抓取。

　　这小霑儿晃着两只小手，不抓别的，径直抓起一盒胭脂来，当作糖果往嘴里放。曹頫在一边看着，心里生气着急，抓胭脂说明好女色，这可不行，不能让他抓到。于是曹頫手疾眼快，一手夺下小霑儿手里紧紧抓着的胭脂，一手赶紧取过一本经书，往小霑儿的手里塞。

　　这小霑儿偏偏任性，不要什么沉甸甸的经书，他使劲儿一推，经书掉到了地上。客人们不禁都哄堂大笑起来。

　　曹頫见这情状，心里有些恼火，便瞪了小霑儿一眼，嘴里轻声骂道："不成器的东西！"经这一声吓，小霑儿又"哇"的一声哭了起来。这一哭，尿也憋不住了，"哗哗"地从两腿间流下来洒在

地上,正好浇湿了刚才掉在地上的那本经书——那是本孔老夫子的《论语》。

曹雪芹的抓周经历和他日后书写的《红楼梦》里贾宝玉的抓周经历极为相似——我们在这位宝二爷身上,看到了曹雪芹的影子。

老祖宗李老夫人看见抓周出现了尴尬的局面,马上站出来打圆场。她哄着怀里的小霑儿说:"小心肝儿,小乖乖,不怕,不怕。他爷爷在世时,每到夏天都要晾晒他的藏书。小霑儿这是提醒咱们,让咱们别忘了晾经书呢!我看,这霑儿长大了,保准像他爷爷一样爱惜书,爱读书,咱书香门第的曹家又会出一个知书达理的做官人了。"

众人虽然明明知道这不过是老夫人在自我解嘲、自我安慰,却都随声附和着说:"不错,不错。龙生龙,凤生凤,有爷爷在天之灵的保佑,有奶奶心肝宝贝似的关爱,这孩子将来准是前程远大之人。"大伙儿心里明白,这种场合,凑趣总比没趣要好。

"不哭了,给你这个。"这时,曹頫从怀里掏出一块玉。

那块玉一拿出来,众人眼前一亮,原来这玉并不是常见的碧玉或白玉,它有红色、紫色、黄色诸种颜色,五彩斑斓却又不显得杂乱无章,各种颜色调和得极其和谐,仿佛从玉的内部渗透出来,宝光流转,玲珑剔透。

"你们可别小瞧了这块玉,"曹頫娓娓说道,"这种玉的玉质晶莹鲜洁,触手生温,行家管它叫'刚卯'。更为难得的是,它的彩色不是天生就有的,而是由于入土的年代久远,受到沁蚀,才呈现彩色。据说,这便是女娲娘娘补天留下的那块石头幻化而来的。"

"哦？真有这么回事？那可真难得了！"大家听得入神,忍不住好奇地拿起玉来,在手里翻来覆去地看。"这上头怎么好像还有两行字似的？"

"不错,这上面刻着八个篆字," 曹頫笑道,"'莫失莫忘,仙寿恒昌'。"

"这个好！"李老夫人听曹頫读了玉上的话,高兴地说,"什么来历啊年代啊,我都不稀罕,我就稀罕这几句吉利话,保佑霭儿一世安康。"那块玉刚摆到小霭儿眼前,便被他一把抓住,一边抽抽搭搭止住了大哭。

"我说霭儿最聪明吧。"李老夫人得意地说,"你们看,他也知道这是最贵重的！"

曹頫开怀大笑,一屋子的人也都跟着笑了起来。就在这时,小霭儿突然将手中的玉一把塞进了嘴里。

"哎呀呀,不得了,不得了,霭儿快吐出来,这个可吃不得！"李老夫人大惊失色,连忙把手伸到小霭儿的嘴前,"霭儿,快吐！快吐呀！"

"快！快掏出来！"李老夫人吓得脸都白了,"你怎么就不瞧着点儿呢？"她一个劲儿埋怨抱着小霭儿的王夫人。

"是,是。"王夫人急得直冒冷汗,又拍又哄,奈何小霭儿就是咬紧了牙关不松口。这下连曹頫都急起来了,跺脚道:"这可怎么得了,这是玉啊,吞下去可不是玩的。"想了想又道,"去,拿筷子来,把他的嘴撬开了！"

"老爷,使不得,孩子吃疼会咽下去的。"马夫人急道。

"这也不行,那也不行,怎么办?"老太太焦急地喊道,"怎么办?你们倒是说说到底怎么办啊?"

一片闹哄哄中,唯有一个叫梅儿的丫鬟倒是镇静,她去厨房端了些蜂蜜水来。小霑儿还未断奶,脾胃极易上火,梅儿也常拿蜂蜜水喂他,平日他最爱喝的便是这个。梅儿把蜂蜜水放到他嘴边,温柔哄道:"霑儿,乖,喝蜜水喽。"

小霑儿睁大眼睛,瞧了瞧梅儿,又瞧了瞧蜂蜜水,突然张开了嘴,折腾了众人大半天的宝玉终于从嘴里吐了出来,"啪"的一声落到了蜂蜜碗中。

梅儿连忙拾出玉,不想小霑儿竟望着她手里的玉,不依不饶地大哭起来。

"这可怎么办呢?他还是要玉!"李老夫人皱眉道。

"老夫人,我有个法子,"梅儿道,"何不将这玉用丝线穿了,挂在胸前?他既可以拿着玩,就算再含在口里,也吞不下去了!"

"这法子好!快,依样穿了给他戴上!"

梅儿拿了丝线,将玉穿了起来,系到小霑儿脖子上。孩子果然不哭了,抓着玉"咯咯"笑了。

都说《红楼梦》里贾宝玉是衔玉而生的,并不是没有依据,原来小霑儿小时候就这样"衔"了一回玉。《红楼梦》里贾宝玉的玉,原来就是小霑儿周岁时得到的珍贵的生日礼物。

爱好广泛的少年

曹雪芹长到四岁，曹頫就开始教他认字读书了。曹雪芹聪明伶俐，《三字经》《百家姓》《千字文》之类的幼童启蒙读物，他只要跟着念上两遍，很快就能学会，一字不漏地琅琅背诵出来。

他还特别喜欢念一些古诗，读的时候故意学着大人们的模样，拉长声调，摇晃着小脑袋，非常可爱。

有一天，他学会了唐代诗人骆宾王的一首名叫《咏鹅》的诗，只见他神气活现地伸长着脖子，两只小手模仿着鹅儿拨水的动作，拉长奶声奶气的童音歌唱起来。

他那认真而又淘气的怪模样，逗得一家人哄堂大笑起来，祖母李老夫人更是笑得前仰后合，眼眶里都笑出泪来了。

她把这样一个聪明过人的乖孙子搂在怀里，左边脸蛋上亲一下，右边脸蛋上亲一下，不住地亲啊亲，还一个劲儿地夸奖说："我的娇孙孙，好乖乖，心肝宝贝，长大好好念书，做大官儿，为咱曹家光宗耀祖！"

祖母李老夫人的这番话，可不是随便说着玩儿的。她是过来人，曹家几十年的宦海沉浮，至今历历在目。

单说丈夫曹寅在世之日，那赫赫扬扬的气派，就像昨天才发生过的事情。曹家每回为康熙皇帝接驾，都要大兴土木，修筑园林，备置百物器用，"把银子花得淌海水似的"。

　　她还记得,康熙三十八年(1699年)那回南巡,曹家接驾就以织造署为行宫。那时身为曹玺之妻的婆母孙夫人还健在,已经六十八岁。康熙皇帝见了老保姆孙夫人,十分高兴,视为"吾家老人"。

　　康熙皇帝因见庭中萱花正盛开着,古人以萱为母,于是亲笔题写"萱瑞堂"三个大字为赐,悬挂于内院正厅上,也正是如今李老夫人的起居之所。可是,风光是风光了,热闹是热闹了,千里搭长棚,天底下没有不散的筵席。历年为接驾欠下的亏空银两,任曹家拆东墙补西墙,总也补不上。

　　虽说康熙皇帝在时,心明如镜,体恤曹家的为难,也曾采取过减免税银,或以盐税代补等办法加以宽解,可惜是杯水车薪,管不了多大的事。再加上曹府上下排场讲究惯了,挥霍无度,结果是旧账未了,又添新账,就像江河决了堤一般,堵也堵不住。

　　李老夫人心里明白,现今的曹家,外面的架子虽还没有倒,内府里可是一日比一日地吃紧。加上曹家人丁不旺,丈夫曹寅、儿子曹颙相继故去,曹家成了一座将倾未倾的大厦,一直让人悬心。

　　不过,正如俗话所说,"破船还有三千钉"呢!更何况,托康熙皇帝洪福,曹颙去世后,康熙特谕关照,让侄儿曹𫖯过继过来,继任江宁织造之职,极力支撑着曹家这座华美的大厦。如今又有了小曹雪芹,他如此聪明,曹家重振雄风有指望了。

　　事实上,曹雪芹在幼年和少年时代是赫赫有名的江宁织造署的小少爷,过的是锦衣玉食的贵公子生活。这样的大家庭,正像《红楼梦》里描写的贾府一样,食则饫甘餍肥,衣则锦衣纨绔。

　　小曹雪芹也像幼时的贾宝玉一样,被一群丫鬟、小厮围着,饭来张口,衣来伸手。所谓生活在富贵温柔之乡,那是一点儿也不假的。

　　祖母李老夫人对他的过分宠爱就更不用说了,真是捧在手里怕掉了,含在嘴里怕化了,还总张口闭口叫他"小祖宗"。祖母的这种溺爱,就像在他头上高高地张开了一顶无形的保护伞,曹雪芹自小就得到府内最高权力者的关爱,这让他从小就顽皮淘气。这对他日后的成长和个性发展,产生了相当大的影响。

　　曹雪芹长到七八岁的时候,家里要给他正式设馆读书了。封建时代,"读书"两字是有特殊含义的,指的是必须读官方指定的教科书"四书"和"五经"。"四书"包括《论语》《孟子》《大学》《中庸》,"五经"包括《诗经》《书经》《易经》《礼记》《春秋》。读书的目的很明确——"学而优则仕",读书是为了做官。

　　"四书五经"被尊为古圣先贤的经典,里面讲的封建阶级"治国平天下"的深奥道理,哪里是七八岁的孩童能够懂得和接受的呢?

　　对于小孩子来说,读这些书无异于读天书,简直是活受罪。什么"子曰""诗云""孟子见梁惠王"呀,读得曹雪芹晕头晕脑,也弄不明白说的是什么东西。

　　多亏曹雪芹的记忆力特别强,尽管书里那些"之乎者也"念起来怪拗口的,一点儿不能理解,他还是照着老师的要求都背下来了,虽然从内心里,他对这些枯燥乏味的玩意儿厌烦透了。

　　更令曹雪芹叫苦的是,稍长了两岁,塾师又要布置他学做文章了。古时候的做文章,可不像现在的学生写作文,可以随便写

自己的所见所感，必须写八股文，又叫作制艺。

更要命的是，作文题目都是出自"四书"里的语句，只能就着题目去揣摩古人的意思，这叫作代圣贤立言。

一句话，写八股文就是为了控制青少年的思想，逼着他们脱离现实生活，脱离实际，成为服服帖帖地为封建君主制度服务的工具。

少年曹雪芹恨透了这一套东西。他身在书塾，心却向往着窗外的蓝天，向往着生机勃勃的大自然和丰富多彩的市井社会生活。

尽管那些功课并不能难倒他，每次背书也好，对课也好，他都能应答如流，文章也写得颇受老师称颂。但他的内心对这些陈词滥调真是厌恶透了，他痛骂那些一心只读圣贤书以求取功名的人是禄蠹。在厌恶读圣贤书这一点上，曹雪芹和贾宝玉如出一辙。

那么，曹雪芹向往的天地在哪里呢？第一是家中的西园，那是他的乐园。园林里绿树繁荫，鸟翔虫鸣，有无限乐趣。第二是祖父的大书房。

曹寅一生爱读书，爱买书，藏书之富在江南都是有名的。今存《楝亭书目》载藏书三千余种，在万卷以上。曹寅在世之时，曾在扬州天宁寺设立书局，选择家藏的宋元珍本，邀请一大批学者进行校刊，刻印了《楝亭五种》《楝亭十二种》等古籍，又替康熙皇帝主持编刊《全唐诗》《佩文韵府》，一时称为盛事。

如今，大书库里还藏着曹寅在世时刻意搜求的成千上万卷各种各样的珍版图书。曹雪芹厌倦在书塾里读枯燥乏味的圣贤书,却十分神往祖父大书库里那些前人的诗集、文集,美妙的词曲歌赋,动人的戏剧小说。

有时候放学后,甚至是故意逃学后,曹雪芹就一个人偷偷钻到书库里躲起来,什么屈原、庄子、嵇康、阮籍,往往一读就是一天。

有时候,他悄悄地从书库里把自己心爱的书拿出来,到西园找个幽静的地方,一边读,一边和书里面的人物说话。有时候他读书入了迷,连吃饭都会忘记。

有一回,他从藏书的大楠木格橱里,偷偷拿出一部我国著名剧作家汤显祖撰写的《牡丹亭》,躲到假山背后如饥似渴地读起来。读到动情的地方,他好像变成了剧中人物,时而喟声长叹,时而引吭高歌。

读到《游园惊梦》一段时,他深深为杜丽娘和柳梦梅纯洁高尚的爱情感动。读到杜丽娘"感梦而亡"时,他竟禁不住失声哭了起来。巧的是,当时他的父亲曹頫正由西园经过,听到哭声甚是奇异,便命人四下找寻。

最后发现,原来是自己的宝贝儿子曹雪芹,在阅读闲书着了魔,发起呆来。

见这般情状,曹頫怒从心头起,不由分说地叫人把曹雪芹拉回厅内,对他施以一顿痛打,还大骂曹雪芹是"不成器的东西""贱胎"!直至惊动了老祖宗,祖母李老夫人赶来,曹雪芹才算得了救。

小曹雪芹投在奶奶的怀抱里,只觉得委屈极了,他心里想的是:"祖父的藏书,我读了有什么错呢?"

说到曹寅的藏书,那确实是曹家的一大骄傲。曹寅少时也非常聪慧好学,还曾进宫做过幼年时的康熙皇帝玄烨的伴读。康熙皇帝喜欢唐人的文章诗歌,曹寅随主子所好,自小把唐诗背得滚瓜烂熟,能与主子应答自如,深得主子赞赏和欢心。

曹寅还是一位戏剧的爱好者和热心提倡者。他不仅千方百计收集天下话本小说、曲词传奇,还与当时著名的剧作家洪昇非常要好。洪昇的《长生殿》在京城演出时,因为触了皇室的禁忌,引起麻烦,曹寅却并不因此冷落朋友。

后来洪昇来到江宁,曹寅遍请当地名流,大开盛会,为他接风洗尘。一连三天三夜,演完了全本《长生殿》。看戏时,他和洪昇接席而坐,对戏文逐字逐句地进行斟酌评赏。这在文坛上,一时传为佳话。

这些盛事,曹雪芹当然都不曾赶上。然而,他听长辈们不止一次地谈起过这些事,因为这实在是曹家历史上的骄傲。

祖父的藏书完整地留了下来,如今就摆放在那里,万签插架,琳琅四壁,怎不令他心向往之?毫无疑问,这些书籍为丰富曹雪芹的文学知识,提高他的文化修养,起到了相当大的积极作用。如果曹雪芹不是读了这些所谓的闲书,是写不出让人肝肠寸断的《葬花词》的。

曹雪芹像祖父一样,也非常喜欢唐代诗人的诗。他喜欢"初唐四杰"的王勃、杨炯、卢照邻、骆宾王,还有敢于打破沉闷空气、纵情呼叫的陈子昂;他喜欢盛唐诗人如李白、杜甫那博大的胸襟、宏大的气魄;他喜欢中唐诗人李商隐、李贺的奇绝和瑰丽;他喜欢晚唐诗人聂夷中、杜荀鹤乃至李绅、罗隐,喜欢他们伤时悯农、感慨民生疾苦的一片真情。

而曹雪芹最喜欢的是有"诗鬼"之称的李贺的诗。他后来写诗学李贺而不受李贺的约束,被朋友们称赏为"直追昌谷破篱樊",足见受李贺影响之深。

《全唐诗》和祖父的《楝亭诗钞》,几乎成了曹雪芹每日必读的教科书。他觉得读这些诗人用真情写的诗歌,比读那些枯燥僵化的"四书五经",不知要好上多少倍。

除了读书,少年曹雪芹的另一乐趣要算是外出交游了。他不止一次地去过属于江宁织造衙署管辖的缫丝工场、织锦工场。他对于蚕茧是怎样经过一道道工序,在工人手里变成闪闪的锦缎,十分好奇,也感到非常有趣。

曹雪芹晚年之所以能在自己所编撰的《废艺斋集稿》里,立出专章,把编织和织补诸项技艺叙写得那么准确精当,恐怕跟他少年时期在织锦工场用心观察分不开。

缫丝、织锦工人劳动的沉重、生活的艰辛,他必定也是亲眼见到了的。这为他在《全唐诗》里读到过的"昨日入城市,归来泪满巾。遍身罗绮者,不是养蚕人"一类的悯农诗,提供了现实证据。他真正切身感受到贫富悬殊、社会不公,是在被抄家北迁以后的事。

随家人到苏州、扬州一带串亲访友,是少年曹雪芹的又一乐事。祖母李老夫人的胞弟李煦,任苏州织造几年,几乎与世袭江宁织造的曹家有着同样的富贵荣耀。

苏州在当时是江南的戏曲演出中心,李府就有很出名的家养昆曲戏班。曹雪芹来到舅爷爷家做客,不像在家时受到父亲

那样严厉的管束,他可以陪祖母一道看戏,并且有机会结识戏班里自己喜欢的戏子。

《红楼梦》里写了芳官、琪官这些演艺伶人,就跟曹雪芹早年在苏州与一些演员的交流有很大的关系。他认为这些戏子比看戏的爷儿们要高尚,他爱他们,尊敬他们。

他还跟这些戏子学过戏,扮相很不错。而演出成功的结果,必然是要遭受父亲又一次痛打的。父亲骂他不守"礼法""不走正道",认定他将来必是个"天下无能第一,古今不肖无双",于国于家无望之人。

苏州有个天下独秀的去处,苏州的园林建筑艺术,称得上是中国园林的一个橱窗。俗话说,"上有天堂,下有苏杭",这一点不过誉。著名的拙政园、狮子林,还有弥漫着神话色彩的虎丘,以及钟声悠悠的寒山寺,均是令人神往的去处。

曹雪芹每回去苏州,总忘不了到这些地方去游玩一番。"瘦、皱、透、露"的天然美与巧夺天工的人工美,浑然融为一体,使他得到比读诗词歌赋更为怡情悦性的陶冶。《红楼梦》里,大观园的布局构思与景物渲染,就很有苏州园林的影子呢!

只可惜这样的生活持续的时间并不长,在他十三岁那一年,即雍正五年(1727年),因骤然发生的一场抄家横祸,一夜之间,这富贵安乐的生活都如梦一般结束了。

为读闲书而失踪

爱读闲书的曹雪芹有时到了忘我的状态,以至于失踪了一次。这可让曹家上上下下着实着急了一回。

有一天,李老夫人忽然心血来潮,想唤爱孙过来陪自己说说话。丫鬟中有两位名叫明珠和双燕的赶紧答应着,分头出门去找。

等了大约有半个时辰,还没见小宝贝进来问安,这李老夫人就有点儿急了,不禁大声问道:"霑儿呢,怎么还不带他进来?"

双燕找了一圈回来,没找着。她脸儿煞白的,还不敢说实话,只是回禀道:"正派人去找,请老祖宗稍等。"

一会儿明珠也回来了,同样是脸儿煞白煞白的,小声回禀老夫人道:"已经派人去叫了,一会儿就会过来的。正好金凤也不在,说不定是金凤带他上外面玩儿去啦!"

这里说的金凤,是府上专门安排侍候曹雪芹的一个小丫鬟。这李老夫人一听就来气,怒声道:"这金凤把霑儿带到哪儿玩儿去啦?怎么半天都找不着?快!快去把他们找回来!"

实际上金凤是在的,她也正为找不着曹雪芹着急哪!三人见面一嘀咕,金凤告诉双燕和明珠说,她一早儿就开始侍候着曹雪芹,一步都没离开过。后来曹雪芹提出要独自去找一幅画,这才离开了一会儿,谁知就这么一眨眼的工夫,他就不见了!

曹雪芹上哪儿去了呢？金凤找了画楼，又找了书库，就是不见这位小祖宗的身影。这还能再上哪儿去找呢？于是金凤就找了另一位丫鬟茶花，想让她和自己一起去找。

那茶花嘴快，一听说曹雪芹丢了，就跟金凤说："哼，外边早就传说那少爷可不好侍候，要不依着他，他就一蹦三尺高，屁股上像着了火似的。还说他小小年纪，却从不爱读正经书，专爱看杂七杂八的野书，还爱在漂亮丫头堆儿里混……"

金凤一听这话就生了气，说："你都胡说八道些什么啊！外边说这些话的人，肯定都是些坏坯子，你都信啊？人家急在火里，你却闲在水里，还不闭上你的臭嘴，赶紧帮我去找人！"

茶花说："好了，我也不跟你扯这些闲篇儿了，你就告诉我上哪儿能找到他吧！"

金凤说："我估摸着啊，这边没有，他说不定会跑到西边的花园里去了。那个地方那么大，我一个人可不敢去。"

茶花说："行，那我就陪你走一趟。"

这个西园，就是曹雪芹祖父曹寅苦心经营了三十年的花园，里边亭台楼阁、水树山石，布置得曲径通幽，极其复杂，一般人进去很容易迷路。当时金凤执意要拉茶花一起去找，就是这么个道理。

她俩首先去到的地方是一处驿宫。驿宫也就是当年康熙皇帝南巡，曹家接驾，将皇帝接到江宁时皇帝下榻的行宫。她俩一进到那里面，几乎就分不清东南西北了。

金凤想，前边的朝房、执事房曹雪芹是不会去的，于是就从西角门进入，走过戏台、长廊、万春楼、红莲殿，一边走一边喊："霑

026

儿！露儿！"然而除了回声，哪里有他的身影！

后来两人爬上一个高台，走到一座大殿门前，只见那门上挂着两把足有二十厘米长的大铜锁。从窗棂里望进去，里面有团龙黄垫，还有鸾扇交叉摆放，一切都像是戏台上皇上登临宝座时的模样。

那茶花是和戏班里十多个苏州女孩一起进曹家的，戏班演皇帝上殿文武百官朝见的戏文时，就常常摆这样的阵式，所以她一看就知道这肯定是皇帝的行宫了，因此很想瞧个仔细。但金凤心急火燎地，拉起她就走。

茶花说："再让我看看嘛，这里面那么多宝贝，却像是从来没人住过的样子。"

金凤呵斥道："还不小点儿声！你知道这是什么地方吗？这是当年万岁爷到咱曹家时起坐的地方，任谁也不许进去的，还不快走！"

这一说，就将茶花吓住了，于是她俩又沿着石阶往下走。东弯西拐的，忽然来到一个池边，只见池壁上嵌有一个用大石块凿成的龙头。那龙头的嘴巴里含着一个圆圆的大石球，有一股泉水从那喉咙里喷出，推着石球滴溜翻滚。之后，那泉水才又倒挂下来，恰恰形成一道瀑布，煞是好看，引得茶花又不想走了，她只想在水池边汉白玉栏杆旁的石椅上坐下歇息。

金凤着急，将她一把拉起，继续往前寻找。这回穿过竹林，来到一个湖边。那湖水碧蓝，平静如镜，所以这个地方叫"镜中游"。湖上有九曲朱栏板桥，桥头又有一座八角亭，经过这亭便到了钓鱼台。见有一个老者守着，两人便上前打问："大爷啊，可曾

见过霈儿来这边？"

老汉说："没见呢！你俩把霈儿看丢啦？这可是要命的事啊！"

金凤答道："就是。老祖宗正找他说话哪，您看急人不急人！"

这时正好大厨房里有个小工来老汉这里领鱼，听见了便接茬说："急什么呀，这不都快吃中饭了吗？霈儿肚子一饿，就自己回去了。快回去看看吧，没准儿他已经坐在屋里吃饭了。"

金凤苦笑着回答道："唉，你可不知道我们那位小祖宗，他呀，一看书准入迷。什么书要是让他看进去了，就会不挪窝地一直读下去，哪会晓得肚子饿要吃饭呢！"

一席话说得那老汉和小工直咂巴嘴，连说："啧啧，真是奇人奇事，看书还能当饭吃！"

金凤的这一番话，可真是说中曹雪芹的要害了。他是真喜欢读他祖父搜罗收藏起来的野史和小说啊！这就有点儿像他后来所写的贾宝玉，放着正经的"四书五经"不读，却偏爱去读那劳什子《西厢记》一样。著名红学家周汝昌先生也说过：

> 曹雪芹自己选择的道路不是功名的道路，也不是杂学的道路。他所选定的是杂作的道路，甚至是比杂作还低级得多的为人所不齿的道路——写作小说。

当然，这些都是后话。现在的关键是这个小祖宗究竟躲在哪个角落里读书，读的又是些什么书？

离开钓鱼台之后，金凤和茶花到了塔影楼，还是没人。然后她们又去假山洞里找。那洞深且长,里面曲里拐弯,黑漆漆的。难道曹雪芹能猫在这里读书? 她俩半信不信的,只得扯开喉咙叫喊:"霑儿! 霑儿!"

只听那洞内的回声也像是曲里拐弯的既深又长,却不曾听见曹雪芹的回答。金凤和茶花又接着往前摸索着走了好一会儿,渐渐看见天光,这才知道终于走出山洞了。那么,曹雪芹究竟到哪里去了呢? 难道会自个儿出了园子去看望哪个奶妈了吗?

曹雪芹幼年时有四个奶妈,有一个还留在府中,其中的两个因为李老夫人已经为她们的丈夫捐了功名,有了家产,就回家当太太去了。

但她们仍记着曹雪芹,凡月头月尾、逢年过节,总是要回府里来看他的,并且一来就会将他搂在怀里问长问短。

第四个奶妈更年轻一些。她是因为有病才被劝退回家的,所以不敢再进曹府,更不敢来看曹雪芹这个宝贝,生怕将病传染给他,担当不起,因此就只能经常让家人进府来探望。

倒是曹雪芹自小聪明懂事,一直记挂着她,也说过想出府门去看望她的话。难道他真的会自作主张跑出府去看望她?

想到这里,金凤便决定不再寻找,抱着一点儿侥幸心理,直接回老祖宗那边复命去了。她三步并作两步地赶到上房,一见屋子里的几个丫鬟个个脸色慌张,便知道另外几路人马也没找到霑儿,于是只能硬着头皮来到李老夫人面前,"扑通"一声跪倒,只是哭,说不出话。

李老夫人果然生气地斥责道:"我又没打你,你哭什么? 还不从头说说霑儿是怎么被你看丢的,也好让她们帮你一起

找啊！"

金凤听李老夫人这样说话，知道她还没怎么生气，就收住眼泪，从头道来："霑儿早起就到射圃去射箭练武，回来时一身的汗。奴才想侍候他换衣服，他却急着说要去找一幅画，预备过年时挂。还说就这一身练功服行动利落，找起画来也方便。

"奴才想想也是，就由着他到'百宋千元一廛楼'去找画去了。趁这个工夫，奴才就到小膳房去吩咐准备中饭。另外又七七八八办了几件事，回屋一看，霑儿尚未回来，我就赶到'百宋千元一廛楼'去找他，谁知那边管事的老伯说霑儿早走啦！

"我问：'他拿画没有？'

"老伯说：'没拿啊！'

"于是我又往画库去找，心想说不定他看迷眼了，还没找着呢！谁知到画库一看，那边看库房的回说根本就没见他来过。这一说奴才就有点儿急了，拉了茶花到西园驿宫那边找了一圈，还是不见。就这么会儿工夫，霑儿会去哪儿呢？备不住跑到城里去奶妈家玩儿啦？这事都怪奴才大意，不该放他一个人去找什么画，请老祖宗重重发落吧！"说罢，金凤又"嘤嘤"地哭泣不止。

李老夫人听了半天，虽然心里有气，但也知道现在不是责罚金凤的时候，还是先找人要紧，于是吩咐府里的总管，组织上下人等到各处去找。一时间弄得全府不宁，各种主意纷纷出笼：有说要出重赏找霑儿的，也有说要去求签、测字、问卦的。

反正各种办法都提了出来，个个出谋划策，要找到那曹家的命根子。然而，府里有这么一人，并不为此着慌。这人是谁呢？说来话长。

前文介绍过,曹家世代都是文人,尤其是曹雪芹的祖父曹寅,爱书如命,自己出版诗词集不算,还组织刻印各种有价值的图书,这就有点儿像当今办出版社和印刷厂了。

另外,他在花巨资收集各种珍本善本的同时,对于自己的特殊爱好——野史、小说——也同样出资购置。因此园内除亭台楼阁外,画库、书库自然也不能少,并且一个个都很成规模。

有了书库便要有管书库的人。南方潮湿,尤其是黄梅时节,阴雨连绵,那潮气会顺着地面直爬升到桌面。

书库里的书更是怕潮,所以梅雨季过后,晒书、晾书的活儿就够那些管理者忙一阵的了。

书破了要补,补书是个技术活,得细工慢做,所以又有一大批这方面的能工巧匠负责裱画、补书。这些人在一起便要有人管理,因此,整个书库有一个德高望重、学问很大的大总管。前面所说全府上下只有一个不慌的人,指的便是他了。

大总管为何不慌呢?因为他心里有底:曹雪芹肯定又是躲到小书库的暖阁那儿偷看闲书啦!他这么想着,便行动起来。

当然,年纪大行动不便,做什么事都是慢悠悠的。大总管先慢慢地将那水烟袋放下,咳嗽几声扫了扫喉咙,再"咕噜咕噜"喝几口茶水,这才站起来,活动活动腿脚,然后拉起衣襟,提起挂在裤腰带上的一大把钥匙,朝小书库走去。

老房子暗暗的,他拿钥匙开门就开了半天。按理说这小书库锁着门,曹雪芹又是如何进去的呢?

书库是最怕有老鼠的。老鼠不仅啃吃书背上的糨糊,而且还会将书页嚼碎了铺"床"养小老鼠,所以就要养几只猫,并要在板壁上开个小方窗子,放猫出入。

这个窗子,除了猫知道,书库的大总管知道,再就是曹雪芹知道了。曹雪芹从这扇小窗子里爬进去,到小书库偷看他祖父藏的野史小说是常事。

那大总管进得门来,先慢慢地习惯了小书库里的黑暗,又喀喀咳嗽两声,像是给自己壮胆,又像是在通知里面躲着的人:"我来了!"

等了半天,竟没有动静,他就在心里叹道:唉,这小家伙,准是看书又着迷了,我这么大声地给他发信号他都没听见。边想着,边往里走,直走到暖阁那儿,看到绣墩安静地摆着并没有人。

以前,就在这个绣墩上,曹雪芹坐着偷看小说,有好几次被大总管逮着。每回曹雪芹总是央告:"千万不许告诉别人啊!"

大总管从心眼儿里喜欢曹家的这个聪明的独苗,也很高兴他能躲到自己掌管的小书库里偷地看书,并且在心里感叹:"多像当年他祖父啊!"所以,他是不会将这个秘密告诉别人的。

然而,这回却不见曹雪芹。那么,他究竟在哪儿呢?正在大总管纳闷儿的工夫,他的眼前忽然一亮:咦,帷幔那儿怎么露出一角锦袍?

再仔细一听,还有"呼噜噜"的鼾声从里面传出来呢!大总管不禁喜上眉梢,一撩那帷幔,果然见曹雪芹将头埋在翻开的一册书上,正就着从板壁缝里漏进来的阳光,聚精会神地看书呢!倒是他身旁睡着的一只老猫,在打着呼噜。

大总管哭笑不得,说一声:"你倒好,外面找得翻天覆地,你却坐在这里看书。来,让我看看,究竟是什么书将你迷成这样?"

他弯腰拿起书一看,就是那"看到老也不成器"的长篇小说《西游记》。

第二章

家族卷入宫廷政治斗争

家族面临的困境

在中国历史上,康熙皇帝是清朝较好的皇帝之一。他在位期间,施行了一些利于百姓休养生息的政策措施,对内统一全国,对外反击侵略者,让老百姓过了足足六十年的太平日子。

有一年康熙皇帝出外打猎,骑马行走在北京西郊的野地里,因为年纪大,身体差,再让冷风一吹,便得了重感冒,中医叫外感风寒,当夜就发起烧来。同行的上上下下都吓得不行,赶紧驾返畅春园。

这一病不打紧,康熙皇帝自己的感觉是"这回病势来得比去年还猛",不仅连日粒米未进,就是内服的药物也尽皆吐出……

一个病人连药都吃不进了,还有个好吗?所以他预感自己这回怕是真的不行了,想急召在西北边境率兵打仗的威远大将军,这位将军就是十四皇子,让他火速回京的目的是授予遗诏。

关于雍正皇帝即位之谜,历史上众说纷纭,没有定论。其中一种说法是:康熙考察来考察去,还是觉得让十四皇子接班,才能使自己真正放心。但是来不及了,四皇子胤禛仗着舅舅隆科多,登上了宝座,自说自话地下诏,让自己成了"雍正皇帝"。

京城里,康熙老皇帝刚一驾崩,江宁这边便得着消息了。这一天,曹府里的李老夫人刚刚睡醒午觉,精神特别好,特意将小

辈们都叫了来与她欢聚一堂。

老老少少聊得正欢呢,一丫鬟进来在李老夫人耳边悄悄地说了几句话,便见那老太太的脸色立时大变了。

她挥手叫众人退下,又吩咐丫鬟:"去,叫管家好好接待这位京城的来客,给他大把银子,备上等酒菜。"

又过了一会儿,丫鬟便引着管家来见老夫人。只见那管家也不说话,只是从袖筒里取出一样东西,那是一把精致的匕首,一看便知是皇家使用的。他请老夫人过目。

李老夫人看看那东西,又看看管家,仍然不明所以。那管家这才开口说话:"禀老祖宗,万岁爷升天了!"说完伏在地上,眼泪长流不止。

李老夫人一听,也连忙朝北跪下了。半天,才让管家扶起她,坐到椅子上。

坐定后,只见那管家举起右手,伸开拇指和食指比了个"八"字形状,说:"这东西是八阿哥派人送来的。宫里还没对外发布消息,八阿哥派了亲信,换马不换人,直接将这件东西送到了府上,说是只要咱们见了这东西,便什么都会明白。"

李老夫人看了他的手势,就早已明白是怎么回事了,连忙吩咐他说:"快去找老爷来!对外什么都别说,一点儿也不能走漏风声,明白了吗?"

管家答了声是,便出门去了。一会儿曹頫进屋,先向老夫人请安,然后垂手站立一旁,听凭吩咐。那李老夫人像是惊魂未定,先说了事情经过,接下去又指了指那从京城捎来的不祥之物,让曹頫来破解这个谜团。

曹頫一听，顿然大惊失色，先是朝北跪了，行过大礼，这才起身拿过那把匕首来看。

谁知不看犹可，一看这匕首，曹頫更是惊恐万分。他低声回禀道："母亲，这事可不得了，这匕首我认得！"

李老夫人急问："你说，这是谁的身边之物？特意捎到这边来又是何意？"

曹頫也举起右手，伸出拇指和食指比了个"八"字，说："这，这东西是……八阿哥的，我原先见过。他是借这个东西来向我们报告坏消息的，那上面的四粒金豆子，原先是没有的，现在镶上这个，是告诉我们如今这大清的刀把子，已经落到四阿哥的手中啦！"

李老夫人一听，连声说："怎么会这样？怎么会这样？"内心的波澜更是迭起。因为只有她才知道这一变故将会给曹家带来什么样的厄运。

想曹家之所以有如今这样的门面，是和康熙皇帝一贯的眷顾分不开的。

他们心里清楚得很，只要康熙皇帝稳坐在金銮殿，他们曹家也能稳坐在江宁这府署衙院内。但如果康熙皇帝这棵大树倒下，他们也就会"树倒猢狲散"，很难再安享这富贵与荣华了。

为什么呢？外人可能不知，李老夫人内心可是清楚得很。康熙皇帝对他们曹家不错是一个方面；另一方面，他在位时六次南巡所埋下的一些祸根，也将面临被连根挖起的危险了！

康熙皇帝的确是不错的，文治武功，做过不少好事，但他包庇亲信，纵容贪污，也着实给官场造成了许多不好的风气。康熙

在位时期,以视察治水为由,足足搞了六次南巡。六次南巡花费巨资,让接驾的官员苦不堪言。

康熙皇帝多次出巡都有严格规定:

> 凡需用之物,皆自内府储备,秋毫不取之民间。

而事实上,每次负责接驾的大小官员,无不诚惶诚恐,往往不惜财力,互相比赛,竞斗奢华。

康熙皇帝南巡,主要的接待工作全是由江南织造来担当的,那可真是花银子如流水呀!就像后来曹雪芹写《红楼梦》,总爱用"银钱滥用如泥沙""银子成了土泥""把银子花得淌海水似的"那样的话,说的就是他们家每次接驾时的情形!据记载:曹雪芹的祖父曹寅,还有曹寅的内兄李煦,在江宁、扬州、苏州三地每处共同接驾四次,实际就等于接了十二次的驾,因此这两家姻亲在花公款方面,真的是陷入了巨额的亏空之中。

康熙皇帝当然知道这些银子都是为他而花,所以他可以直接出面替曹、李两家打掩护,竭力充当他们的保护伞。可是,如果康熙皇帝驾崩,他们两家又该怎么办?这就是前文所说的祸根。

如今,这一天还真的来了。这也不由得他们曹家一听消息便大惊失色,因为在这之前,他们已经经历过种种风险。

康熙五十三年(1714年),噶礼参奏:曹寅、李煦亏欠课银三百万两,要严加查办!但那时候康熙皇帝还健在,他愣是将他们两家"罩"着,说查过啦,亏空不到三百万两,是一百八十万两,年内补齐就算了。

曹寅去世后，又是康熙皇帝关照，让曹頫袭了江宁织造的职。别人不服，但不敢公开反对皇命，却想了个歪招，由大学士松柱奏请皇上，说索性让曹頫兼任盐差。

这一提议表面上像是在附和皇上，将两个肥缺都给了曹家。实际上，是想让曹家的亏空越来越大，以便将来一并参奏，重重处罚……

类似的风波一起接着一起，都亏得康熙皇帝"圣旨"，没有准奏。其实康熙皇帝心里有数，银子都是为他南巡花的，所搞的排场让他挣足了皇上的脸面，曹家只不过是一只扬银子的簸箕，一个过路财神，治什么罪呢！

如今，新皇登基了，雍正皇帝即位后发现父亲没有给他剩下多少遗产。大清的国库空虚，急于要补充资金，要是不查抄几个贪官污吏，雍正皇帝的日子也不好过了。雍正皇帝当然不会认这笔旧账。最严重的问题是曹、李两家一直是雍正皇帝的政敌，是八王爷的拥护者。雍正皇帝即位岂有不先拿他们开刀的道理？曹家现在已经是走到悬崖边上了，今后这日子将怎么过？种种难题，也的确够让李老夫人和曹頫发愁的了！

奢侈引发的灾祸

中国古代哲学家老子说过这样的话：

祸兮,福之所倚;福兮,祸之所伏。

意思是说,世间一切事物无不具有两重性,都在不断地向它的对立面转化。

曹家由繁盛到衰败,可能正是"福兮祸伏"规律的应验。朝廷查办了李家、孙家以后,对曹家并没有大动作。年羹尧远征西藏,平定青海凯旋归来,雍正皇帝忙着对爱将进行嘉奖,似乎也无暇顾及曹家,一切暂时是平静的。

然而曹頫为年羹尧凯旋之事上贺表,恭贺万岁爷统治有方,大清朝四海一心,满以为会得到赞许,不想雍正皇帝竟回了一条"此篇奏表,文拟甚有趣,简而备,诚而切,是个大通家作的",貌似轻松玩笑的话,却刺得曹頫浑身一颤,从此紧皱的眉头再不曾舒展开。

后来又为曹家代售宫中人参一事,雍正皇帝大发雷霆,不仅派人责问曹頫价目不合,更在奏折上亲自朱笔红批:

人参在南市售卖,价钱为何如此贱!着问内务府主管!

如果说上次的讥讽还不过是话中有话,这次的叱责真是连一点儿情面都不留,十分严酷冷峻。曹頫只觉得心凉了半截,心里早有的那些不祥预感愈发清晰。

曹家素来与废太子胤礽关系密切,正堂上的楹联"楼中饮兴因明月,江上诗情为晚霞"也是胤礽所题。即使胤礽被二度废立,曹家也一直认为康熙皇帝终究有一天会放他出来。

除了胤礽，曹李两家与八皇子廉亲王胤禩、十四皇子多罗恂勤郡王胤禵也是颇有交情。十四皇子还曾私下托李煦在江南打造金狮子两尊，放在曹家的家庙万寿庵里。

曹李两家同皇子套交情，自然存了私心在里面。一朝天子一朝臣，谁也不希望新皇帝一上任便惩治自己，于是选了康熙最得宠的皇子拉拢。可任谁也未想到，最终做了皇帝的却是不得宠也不被看好的四阿哥。这是位识见风度与康熙皇帝大相径庭的冷面王爷。他继位不久，便有流言传出，说他弑父矫诏，然而不管怎么说，大清朝的龙庭就是他坐了。

曹頫知道，雍正皇帝对他的苛责不过是借题发挥，如今他不管怎么都是错，不做是错，做了还是错，而一切错误的根源是因为他们站错了队伍。如今在这位皇帝心里，曹家和李家都是曾经阻碍他继承大统的人。他们协助他的兄弟，却偏偏忽略和藐视了他，现在他继了位，不会再放过曹家和李家。

想到这儿，曹頫谢罪的奏本再也写不下去了，他的心里一阵阵痛起来，蘸满墨汁的毛笔提得久了，一滴墨"啪"地落下，在白纸上洇开一片乌黑。曹頫怔怔地想，也许这一劫逃不过了。

曹雪芹出生得晚，虽没有赶上风光的年月，但他是听过长辈们不止一次地述说过的。由此结下的恶果苦果，倒是轮到他着着实实地亲尝了。

曹家欠下巨额亏空，还有一个很重要的原因，是这个声势显赫的贵族大家庭在生活上穷奢极欲，挥霍无度，衣食住行都非常讲究，阔绰，浪费惊人。

《红楼梦》里所写为秦可卿治丧、元妃省亲等大的章节,所用银两之巨之滥,多么惊人!单是书中描写的从乡下来贾府认亲的那位刘姥姥,她在看到贾府吃螃蟹时,曾算过一笔账,便叫人咋舌:

> 这样螃蟹,今年就值五分银子一斤,十斤五钱。五五二两五,三五一十五,再搭上酒菜,一共倒有二十多两银子。阿弥陀佛!这一顿的钱,够我们庄稼人过一年的了!

这种挥金如土的浪费,这种贫富悬殊的对比,虽非实写,也可反映出曹家生活奢靡之极了,而这正是曹家极盛时作孽埋祸的又一原因。

据历史档案材料记载:

> 曹寅死后留下的亏空竟达数十万两之多。虽得到康熙皇帝一再关照,恩准由其内兄李煦代为管理盐政一年,将所得五十八万多两余银全部用来弥补亏空。谁知这亏空竟像个无底洞,后来又发现一笔二十六万两的债务,终于还是给新上台的雍正皇帝留下了整治曹家的把柄。

终于,新皇帝借口现任江宁织造曹頫行为不端,织造款项亏空甚多,"然伊不但不感恩图报,反而将家中财物暗移他处,企图隐蔽",以及他"贱售人参""所织御用衣料落色"等罪名,于雍正五年(1727年)十二月二十四日传下御旨,查抄了曹頫的家产,并施以"没籍"的处罚。

按照习俗,每年从腊月二十三起,就算进入年关了。"二十三,祭灶天,二十四,扫房子……"可是,这一年年关,曹家上下却是在一片惊恐中迎来的。

前一日的祭灶仪式,尽管李老夫人带领一家老小给灶君夫妇的神位再三叩首,恳诚许愿,指望灶王爷爷能够"上天言好事,回宫降吉祥"。还递了一块麦芽糖给曹雪芹,让曹雪芹小嘴嚼了,粘在灶王爷、灶王奶的嘴上。

可是,谁会想到,仅仅隔了一夜,第二日晨间更漏未尽之时,街上已经闹闹嚷嚷,皇上派去抄家的军队已经包围了曹府。这下可好,不是"二十四,扫房子",而是要就此扫地出门了。

为首的一位王爷威风凛凛,径直来到萱瑞堂前,说声:"宣旨!"曹府上下人等立刻低头跪下,像是出殡一般。曹雪芹哪见过这样的阵势,受过这样的凌辱,他憋着一肚子的疑虑和不满,也随大人们跪了下来。

这时,从后堂里隐隐传来内眷们的哭泣声。曹雪芹听得出,那急促喘息边呜呜咽咽的哑音,是祖母李老夫人绝望的啜泣声。想起祖母,想起这个行将败落的家族,他的眼眶也热辣辣起来。

宣旨完毕,早就红了眼睛的军士卒,一个个凶神恶煞,便一拥闯了进去。踹门入室,翻箱倒柜,嘴里嚷嚷着,手下可就顺手牵羊,把些袖珍古玩、金银首饰,一并往自己的兜儿里、怀里塞。抄完一间屋子贴上封条,再去抄另一间屋子,像篦头发一般。这些锦衣军兵卒们干起抄家的勾当,可是熟练极了。

清王朝时,被抄家可不是闹着玩儿的。不管多显赫的官职,

多大的家业势派，转瞬之间就成了阶下囚，人丁被拘官扣押，家财被抢掠一空。

这一切，曹雪芹都是亲身经历了的，不可能不在他的心灵上留下深深的伤痕，对他重新认识黑暗社会，认识腐败官场，认识曹家这个由盛到衰的家庭，乃至重新认识他自己，产生了深刻影响。

恐怕正是家族的兴盛到衰败，"福兮祸伏"，证之于世的觉醒者的箴言吧！

抄家给曹雪芹带来的打击是巨大的。首先是家产尽没，生计成了问题。尽管雍正皇帝对查抄的结果大出意料，曹家除田产和房屋，仅有银数千两、钱数千、质票值千金，不免生出恻隐之心，下令除将家产、人口赏给新任江宁织造隋赫德外，酌量留下曹家在京的一处房产，给予生活出路。

然而，对于过惯大富大贵的人家来说，这无异于从天堂落入地狱。经历了这一场变故之后，往昔炙手可热的亲朋故旧，像避瘟疫一样，不再与曹家有交往了，这更是一种精神上难以承受的打击。

祖母李老夫人，平时总爱重复曹寅在世时常常说的一句话"树倒猢狲散"，以此教训她的子孙们，大家却并不怎么理会。如今真的是要"树倒猢狲散"了。

"百足之虫，死而不僵"，曹家迁回京城后，据说还有过一段"中兴"的历史，但是，那只不过是回光返照罢了。

雍正十三年（1735年），雍正皇帝驾崩，又一个新皇帝乾隆弘历登基。曹家因为卷入另一场政治恶斗，遭到了更为沉重的打击，从此以后，就一蹶不振了。

和曹雪芹几乎有着相同经历的现代作家鲁迅曾经说：

> 有谁从小康人家而坠入困顿的么？我以为在这路途中，大概可以看见世人的真面目。

乾隆时代的曹雪芹，正是从被抄家，像当头泼来一盆冰冷的水那样，使他从富贵温柔之乡中清醒过来，看清了那些官家乃至本家亲族的衣冠禽兽们的真面目，并对那面目以及产生那种种面目的社会生出了憎恶感，促使他后来以字字血泪写成了《红楼梦》。

应该说，抄家之变，对曹雪芹的思想起着不容低估的锤炼和淬火的作用。

被逼踏上返京路

曹家被抄家的第二年，即雍正六年（1728 年）的秋天，禁不住新任江宁织造隋赫德的再三催逼与驱赶，曹雪芹陪着祖母、母亲和婶娘，以及婶娘的儿子曹震、丫鬟锦儿、秋月、夏云等，带着仅有的一些衣物行李，终于洒泪告别江宁，登程北上了。

这回被遣返北京，走的是漫漫水路。从江宁水西门外秦淮河边上船，循江而东。船儿在滚滚东流的江水里行进，摇晃颠簸。

曹雪芹不免心事浩渺,时时涌起被抄家的余悸。

船要行到瓜州渡口,再转入大运河逆水北上。沿途所见,金山的宝塔,扬州的瘦西湖,都是曹雪芹曾经游历流连的旧地,如今物是人非,再没有当年的心境了。

这次出行不是出外探亲,更不是随父辈家人升迁赴任,而是被抄了家,撵出了世居的江宁,怎能不叫人触景伤怀、怅惘悲切呢?何况父亲曹頫尚待罪京中,审查未结,此一去命运如何,恐怕是凶多吉少了!

曹雪芹立在船头,望着渐行渐远的石头城,无端吟诵出唐代诗人杜牧的《泊秦淮》来:

> 烟笼寒水月笼沙,夜泊秦淮近酒家。
>
> 商女不知亡国恨,隔江犹唱后庭花。

他觉得这首诗很符合他此刻的心境,虽然他此刻有的只不过是亡家之恨。皇上将曹家召回北京,是有来由的。因为曹雪芹的曾祖曹玺出任第一任江宁织造,就是从京城派去的,曹家在京中原有旧宅。

曹雪芹一行回京城以后,才弄清楚父亲曹頫因"骚扰驿站"案获罪,现正"枷号"在押。

所谓的"骚扰驿站"案,就是有人告发曹頫于雍正四年(1726年)的秋天,奉命押送江宁、苏州、杭州三处织造的龙衣进京,在途经山东长清县等地方时,向当地官员索取夫马、程仪、骡价等银两超过规定,并引起了很大的影响。

且不必说事实到底如何,即使确有这等小小的揩油行为,在当时天下乌鸦一般黑的腐败官场里,岂不是小事一桩吗?不值得大惊小怪。但是,欲加之罪,何患无辞,为了穷治异己,"莫须有"三字,足以置人于死地。

另一宗案子,是曹𫖯还牵进所谓奸党。上面查到曹𫖯间接替代雍正皇帝的死敌皇子胤禵寄存过一对镀金狮子。好在后经进一步调查,并没有发现曹𫖯卷入什么阴谋勾当,曹家不过是皇室的包衣奴隶,似也兴不起多大风浪,因此就不再追究。曹𫖯于雍正七年(1729年)总算是又一回沾了浩荡天恩,被释放了出来。

曹家在京有两处住所,被抄家后留给他们的是崇文门外蒜市口老宅十七间半和家仆六人。这就是曹雪芹一家老小初回北京后的落脚地方,可谓很是寒酸。

后来又发还了早年曹玺居住过的名叫"芷园"的一处老屋,地址在内城东南角泡子河附近,即现今东城区建国门内大街北贡院一带。

那里庭院清幽,屋宇宽敞,有鹊玉轩、春帆斋、悬香阁等雅名别致的建筑,曹寅在诗集里多有吟咏。曹雪芹有时翻读祖父的《楝亭诗钞》,依诗觅踪,心里发思昔日的幽情,自然会生出许多感喟,于是作诗:

> 小院清阴合,长渠细溜穿。
> 西窗荷叶大如盘,烟雨寻常作画看。

尽管如今的芷园已经没有了昔日的勃勃生机，然而，毕竟见物思人，勾引出"诗中有画，画中有诗"的兴味来，曹雪芹还是喜欢上了这一处地方。

更使他感到快慰的是，这里也有祖父遗留的相当丰富的藏书，一如江宁西园里的书库。有了这些精神食粮，他觉得生活不那么凄苦和郁闷了。

曹家在迁回北京以后，随着时间的推移，雍正皇帝的权势越来越巩固，政治迫害至少在表面上稍稍有所放松，被抄家的压力减缓了不少。曹家的几支重要宗族姻亲，有的减了刑，有的复了职，还有的连得晋升。

雍正九年（1731年），曹寅的妹夫傅鼐由被贬谪的地方召还，恢复了职衔，又入宫侍起居了。纳尔苏之子、曹雪芹的姑表兄平郡王福彭，于雍正十年任镶蓝旗满洲都统，次年得以在军机处行走，开始参与朝廷的机要事情处理了，继而又被提升为定边的大将军。

这些人事变动，对曹家是有利的，骨肉至亲，或明或暗总会给予一些照应的。尤其是福彭，曹雪芹的祖母李氏是他的外祖母，李氏健在之日，他对曹家处境上给予保护，生活上予以关照，自是分内的事。

再者，曹頫的族兄曹顺和堂伯父曹宜，在前次抄家之祸中并没有受到株连，仍然算是京中的殷实富户。

曹顺在宫内任侍卫，一直得到雍正皇帝的宠信，曾屡次获得赏赐御书"福"字。曹宜则在雍正十一年（1733年）晋升为正三品大员，内务府正白旗护军参领。这对曹頫一门，至少在感情上会是一种安慰和依傍。如果抄家的案由特别严重,这些同宗均在九族之列,是很难幸免的。

省亲园内展才华

好消息真是一个接着一个。正当曹家的一些亲戚逐渐得到朝廷重用之时,曹家早年被选送入宫的一个女儿,也已被晋升为贵人,并且不日就要来家归省,与家人共庆元宵佳节了。

按清朝制度,包衣人的女儿是必须被选送入宫做奴婢的。曹頫的大女儿凤藻,在当时也不知是不幸还是有幸,被选中入宝亲王府,做了弘历的侍女。

她是从最低等级的秀女、答应做起的。但由于她相貌美丽,又特别聪明伶俐,而且确实得到了他们曹家的祖传文脉,自小虽未正经读过书,但对琴棋书画是一点就通,因而深得宝亲王的喜欢,竟年年升级。

那些嬷嬷也像是有先见之明,加倍地调教她,让她在众婢女中脱颖而出。宝亲王成了乾隆皇帝,凤藻自然就成了曹贵人。

众所周知,此事对曹家来说,真正是非同小可——因为她的这一跃升,一下子就让曹家变成了当朝的皇亲国戚。

消息传来,李老夫人、曹夫人先是抱头痛哭,回想这些年来的担惊受怕,种种劫难,如今像是终于有了出头之日。又想起当年凤藻被选入宝亲王府时,哭哭啼啼的,多么伤心。再加上这么

多年不通音信,真是连死活都不知。如今喜讯突降,怎不令人喜极而泣!

已经任了内务府员外郎的曹𫖯,想的却是另一件大事。原来,曹家在北京有两处住所。一处是在内城,抬头就能望见城郭的,就是前面提到的芷园。

还有一处就是他们现在住着的蒜市口这十七间半房。他是内务府的员外郎,像他一样,所有内务府的人员差不多都集中居住在这一带了。

这里的房子与江宁老宅自然是不能比的,但宅内还是有花园和亭台楼阁的,只是这两年主人心神不定,园子没有好好整修,平时住住当然可以,现在要用来接待贵人归省就不行啦!所以,曹𫖯赶紧召集能工巧匠,一处处地规划、丈量,并且画了图样,立即开展大修工程,大兴土木。

自此直忙了大半年,才把曹府整修得成了个样子。这日,曹𫖯便带了曹雪芹等人四处察看。

当然,曹𫖯此番带着曹雪芹游园是另有目的的。他因听匠人说过,园内有几处亭台尚无题款,想着曹雪芹已年近二十岁,平时又表现得颇为好学的样子,便想临场考考他的学力。

众人进得园门,只见迎面一座假山,山上有亭。山虽不高,但登临入亭四望,园内景色尽收眼底。曹𫖯笑问众人:"诸公请看,此亭当题何名?"

大家你望望我,我望望你,竟都笑而不语。原来,大家都早已料到曹𫖯的心思,要将这个显露才华的好机会留给曹雪芹。曹𫖯也心知肚明,于是就不再客气,转而要曹雪芹回答。曹雪芹道："《孟子·尽心上》有云：'孔子登东山而小鲁,登泰山而小天下。'杜甫也说：'会当凌绝顶,一览众山小。'我看不如就叫'小天下亭',尚能有点儿气概。"

众人一听,便齐声附和："好好好！这名字,听着既内敛,又含蓄。别看这里面有个'小'字,表达的却是俯视一切的雄心和气概啊！曹公子真是天分高,才情远,学问深,我等甘拜下风！"

曹頫听了,内心十分受用,嘴上却表达得颇为严肃："诸公客气了,他一个小伢儿,多读了点儿闲书而已,哪有什么正经学问。以后大家若想到更好的名字,尽管告诉我,届时再定不迟。"

众人一齐将双手猛摇,说："曹公客气了,不必,不必！"

下得山来,又见一池。那池塘虽小,却因布置了水上回廊,曲折有致,岸边植了桃树、柳树,更见丛丛翠竹,映着碧水,便有了几分景致。过桥又见三间平房,一律呈书房布置,虽简陋,却是窗明几净的,窗外又植有高大的芭蕉,这就很有点儿意思了。

当下就有一位清客,朝曹頫发议论道："此处大妙。大伙儿想想,若是雨天,坐那窗下读书,听见窗外雨打芭蕉,多有诗意！"

一席话说得曹頫高兴,当即停下脚步,向着众人说道："此处好是好,但进门处光秃秃的,总是个缺憾,谁能来上一副对联呢？"

众人又是一番推让,一致动议说："不如再请公子拟一副对联,然后用上等的好木板刻了,悬挂起来,这样未进门便能闻着书香了。"

曹頫说声"这倒也是",便扭头寻找曹雪芹,命他先拟一副来看。

曹雪芹前后看看,忽然就有了主意,说:

> 绕堤栽柳园色翠,临池学书池水黑。

上联只是一般写景,下联用的则是东晋大书法家王羲之曾说的"张芝临池学书,池水尽黑"。张芝是东汉人,善写草书,被誉称为"草圣"。这句话说的是他少年时学习书法,洗笔时将一池水都洗黑了。

众人一听,自然又是一片叫好,但曹頫却不客气地说:"这池水黑总有点儿不雅,不如改为化墨香。"

大家又大声附和:"对对对。不过下联一改,上联也得动一动了。"

于是曹雪芹复又念道:

> 绕堤栽柳点园翠,临池学书化墨香。

曹頫这才拈髯而笑,众人就跟着打起哈哈来了。如此走走停停。园子本就不大,根本无法与在江宁时的衙署的西园相比。一想到这里,曹頫顿时失了兴致,于是草草收场。但后来又想想这次贵人归省,说不定曹家真的就在新皇帝嗣位的政局下得以中兴了呢!一想到这里,他便又抖擞起精神,率众人一起回屋喝酒去了。

探访平郡王府

曹雪芹在回到北京后没过多久，就被家人送到为包衣子弟办的景山官学去读书。后来，还升入咸安宫办的官学。

官学教授的无非是"四书五经"这一类东西，曹雪芹对这些学问不感兴趣。但既然已经入学，每天也不得不听着老师授课。这天下学回家，在走廊上正好遇到曹頫。曹雪芹立即站住，低头垂手向父亲行礼，曹頫少不得就要查问功课。

"三伏天是半功课，本来逢三八切磋诗文，这个月改了逢五政论类的文章，限一千二百字以内。"曹雪芹说，"这比八股文可有用得多了。"

一听这话，曹頫顿起反感。他对曹雪芹的管教，虽已不似以前那么严厉，但在八股文上却仍旧不肯放松，因为他一直期望曹雪芹能由"正途"出身，中举人，成进士，最好还能点翰林，那就非在八股文上痛下功夫不可。偏偏曹雪芹最讨厌八股文，此刻的语气，便很明显。

"你来，"他说，"我有话跟你说。"

曹雪芹随父亲走进书房。

"你坐下来！"曹頫指了指靠门的一把椅子。

这是少有的情形，曹雪芹答应一声"是"，便端端正正坐下。

"你今年十九岁，明年官学念满了，就得当差。"曹頫问道，"你

想过没有,你能做什么?"

这一问将曹雪芹问住了,嗫嚅着说:"我不知道会派一个什么差使。"

"那还不是想象得到的,反正不离笔帖式,学业好就是八品,不好就是九品。"曹頫又说,"内务府的差使,多半听人使唤,要熬到能放出去,不知要受多少气,你行吗?"

一听这话,曹雪芹心上便似拧了个结。他是到了京里,才知道当包衣是什么滋味,说穿了便是奴才。

有一回五阿哥要挑几名哈哈珠子,差点儿就挑上了他。他真是不敢想象,捧着衣包,或者牵着狗跟在五阿哥身后,会是什么样子。曹雪芹这样想着,不由得脱口应道:"我不能当那种差使!"

"我想你也不能。你离纨绔二字,也不过一墙之隔,看不得人的嘴脸,受不得人的气。既然如此,我倒问你,你何以自处?"

"我……"曹雪芹在这一层上没有细想过,这时只有一个愿望,"我还是想念书。"

"想念书就得用功。能到翰林院去念书,你才是你祖父的好孙子,也不枉了老太太把你当心肝宝贝。"

"你不想在内务府当差,只有两条路好走,一条是正途,一条是军功。"曹頫略停一下又说,"后一条也许有机会,可是你吃得了营盘里的苦吗?"

"那……"

"你别说了!"曹頫抢着说道,"就算你能咬一咬牙,肯吃苦,你娘也一定不愿意让你从军。所以,说来说去,你只有在正途上讨个出身。你说我这话是不是？"

哪还能说不是？曹雪芹毫不考虑地答一声："是。"

"那么，你怎么才能在正途上讨出身呢？"

"这自然是，想法子中个举人。"

曹雪芹从心底里厌倦学习八股文，一想到要靠这个才能"讨个出身"，怨气更重，只轻轻地"嗯"了一声。

到了祭神的日子。

满洲的风俗是"祭必于寝"，所以宫中祭神是分属在皇后的坤宁宫里，王府的祭祀就在王爷与福晋（满族称亲王、郡王等的妻子）所住的上房。正中堂屋，西墙上设一块朱漆搁板，板上悬一块镶红云缎黄幨，下粘纸钱三挂，称为幨架，而一般多用"祖宗板子"这个俗名。

"祖宗板子"前面设一张朱红长方矮桌，上供香烛。陈设虽简，礼节却异常隆重：第一天拣米选豆；第二天磨粉蒸面，到了这天午夜之后，祭礼便开始了。

平郡王府从大门到上房，灯火通明，人影幢幢，但声息不闻，不但没人说话，连置放器物都不准出声，以肃静为至诚。

丑正一刻，主祭的平郡王福彭上香，率领全族男丁三叩首，厨子随即和面做饽饽，就在院子里临时搭设的大灶上蒸熟，装成十一盘，每盘十一枚，献上供桌，免冠行礼。接下来便是"请牲"了。

牺牲是老早选定的三头大猪，此时只用一头，缚在屠床上抬了进来。这头黑毛猪称为"黑爷"，原是早就洗干净了的，但仍要主祭用一把新棕帚遍扫牲体。缚猪的绳子也换了新的，这才抬入室内摆在供桌前面，意思是请祖宗审视享用这么一头肥猪是

否合意。当然又需行礼,礼毕就要请"黑爷"归西了。

此时不能用"杀"或"宰"之类不吉利的字眼,宰猪称为"省牲"。屠夫下手之前,先提起猪耳朵灌一大碗烧酒下去,将"黑爷"灌醉了,省得"省牲"时乱叫。

下手时也有规矩,晨祭用公猪,以左手执刀。及至破腹开膛,第一件事是将附着于大小肠之间的脂肪剥下来,连同生猪血一起先上供。这肠间之脂,就是《诗经》中"取其血膋"的"膋",满语叫作"阿穆孙"。

这时整头猪已置入大锅去煮,煮熟撤饽饽献牲,猪头朝上,头上插一把柄上有个铃铛的弯刀,另外盛汤一碗,碗上架一双筷子,随同供献。

主祭再一次率族人三叩首,这时天已经快亮了,息香撤幪,晨祭告成,全族吃肉、吃饽饽散福,不准喝酒。

到过午不久,夕祭开始,只是"省牲"须用右手,"黑爷"是一头母猪。

黄昏时分,撤饽饽献牲。这后半段的祭礼由主妇主持,这件事累人不说,还有点儿吓人。如果是有些知书识字,深明事理,而又喜欢寻根究底的才媛,勉强还能适应。夕祭,必须由明媒正娶的正室妻子主持,如果她们胆子小,每主持夕祭就会有一种恐惧之感。

因为这后半段的夕祭,有个专门名称叫作"背灯",先是息香撤火,再用布幪密遮窗户,屋子里漆黑一片,只有主妇在内。这还不够隐秘,中门也须紧闭,男丁都在门外屏息等候。似此远摒男子,独留主妇一个人在密室祭神,当然是表示什么都可以供献给神的。

当初何以制定这样的仪式,已无从稽考起源。彼时的礼节是,主妇在室内行九跪九叩的大一礼,顿首八十一次之多。

而此时"秋老虎"的炎威犹在,穿上礼服在密不通风的屋子里行此大礼,那可真是苛刑。

大奶奶也就是平郡王福晋,好不容易行完了礼,已站不起身,双手趴地,膝行摸索着到了矮桌前面,将"黑爷"头上的弯刀拔了下来,放在桌上,忍不住狂喊一声:"快点灯!"

中门外是早就预备好了的,启门秉烛而入。福彭推门进去一看,大奶奶坐在地上,汗出如浆,面无人色,赶紧将她搀了起来,低声抚慰着说:"辛苦你了,好歹撑着一点儿。"

散福之后,便得预备祭天,俗称"祭杆子"。

这根神所凭依的杆子,以杉木制成,高出屋檐。这个露天的祭礼,仪节与晨祭及背灯都不同,牲用公猪,不光是去毛,还要剥皮,称为"脱衣"。

肉煮熟后,选取精肉,跪切成丝,供神后,将肉丝与小米饭拌和在一起,另加血肠,移置杆顶的斗内。

这个礼节是有来历可考的。据说太祖高皇帝努尔哈赤起兵征明时,打了一次败仗,匹马落荒,而追兵甚急,只得下马躲在一棵大树之下。

忽然飞来一大片乌鸦掩护太祖,挡住了明兵的视线,其因而得以脱险。为了崇功报德,设杆子祭乌鸦,托名祭天。

祭天既毕,暑气渐去,赶紧铺设"地平",布置坐具,来吃肉的宾客已经到了门口了。第一个是曹雪芹,还带了他的一班同学。

原来他们有个诗社,夏天夜集,在德胜门内积水潭看荷花作诗,贪凉坐到四更天,饥肠辘辘,商量着到哪里喝一顿卯酒(早晨喝的酒。卯,旧式计时法指早晨五点钟到七点钟的时间)。

曹雪芹想起平郡王府有肉可吃,反正只要懂得礼节,识与不识,皆可做不速之客,因而带了他的同学,做了第一批宾客。

虽说吃肉的规矩是客至不迎也不送,客去不辞也不谢,但曹雪芹毕竟是至亲晚辈,不能不向太福晋(老王爷的嫡福晋［正妻］)致意。

原以为太福晋这天有好些王公的福晋和格格要接待,中门传进话去,所得到的答复必是:"知道了。今天事忙,不必见面了。"

哪知竟是:"霑二爷请进去吧!太福晋正在问呢!"

于是,颇感意外的曹雪芹,一面跟着领路的仆妇走,一面在心里琢磨,将太福晋可能会问到的事都想了一下。

走近第五进院落,已听得娇声笑语,大概堂客赶早凉到的已不少了。果然,一进垂花门,目迷五色,见到不少身着彩色绸衫的倩影。

曹雪芹赶紧低下头,目不斜视地被带到了太福晋面前。他很快地抬头看了一眼,便垂手屈膝说:"给姑太太请安!"

"起来!你娘好吧?"

"托姑太太的福,"曹雪芹说,"哮喘好多了。"

"你都见见!"太福晋便一一指引,"这位是礼王福晋,这位是超武公的老姑太,这位是昭武侯的太福晋……"

曹雪芹一时记不了那么多名字,反正都是长辈,只执晚辈之礼便不错。

请完安后，只听太福晋向在座长辈告个罪，将曹雪芹带到另一间屋子里问话。

"你在官学，多早晚才算满期？"

"到今年年底。"

"你今年十九岁，早就过了当差的年纪。"太福晋说，"官学里念满了，也不过当个笔帖式或者库使，要多少年才熬得出头？你身子一向壮实，我看你不如弃文就武吧！"

曹雪芹没有想到太福晋是关怀他的功名事业，这方面他自己都没有仔细想过，所以一时愣在那里，不知如何回答。

"现在是极好的机会，你到前方营盘里吃两年苦，大概至多三年，就能混出个名堂来了。"太福晋又说，"只不知道你母亲肯不肯放你？"

曹雪芹这才明白，太福晋的意思是，让他跟着平郡王到北路军营去效力，在军功上搏个前程。

曹雪芹对功名富贵倒不大在意，只想到张骞、班超立功绝域的故事，不由得起了见贤思齐的念头，心里颇有跃跃欲试之意。

"你回去问问你娘的意思看。"太福晋说，"你跟你娘说，不会让你去打仗，劝你娘放心好了。"

"是！"曹雪芹踌躇着说，"王爷初九就得出京了，只怕日子上来不及。"

"这倒不忙在一时，哪怕等你在官学里散了学再去也不晚。反正你父亲也在粮台上，随时都可以派人送你去。"

曹雪芹在官学的宿舍中住，家中情形，不甚清楚，不知道曹𫖯也在粮台，当即问道："原来父亲也要跟王爷去办粮台？"

"不是跟了去,是在京里管事。"太福晋又说,"眼前还没有名义,只是派在粮台上做个耳目。"

没有名义是因为曹頫眼前还是废员,不能奏请派差,不过这当然也是军功。只要打个胜仗,平郡王办保案时,补叙劳绩,复官无非迟早间事。

于是曹雪芹想了一下说:"跟姑太太老实回话,我倒很想到前方见识见识,不过我非得跟我娘说明白不可。"

"原是。你娘就你一个,又是老太太最放不下心,如果我没有把握,不会让你走这条路。你把我的这番意思,务必跟你娘说清楚。"

"是!"曹雪芹停了一下问,"姑太太没有别的话?"

"就是这些话。你吃肉去吧!"

为了避免再一次无谓的应酬,太福晋叫人将他从屋后角门带了出去。穿过甬道,回到原处,宾客已经大集,曹頫与儿子曹震也都到了。曹頫神态如常,曹震却有种掩抑不住的兴奋之情。

这时曹雪芹带来的那班同学,每人都有一两斤肉下肚,吃饱了在等他。曹雪芹有事想跟曹震说,便对众人道了歉:"家里还有些事,你们先走吧!"并托一人代为请假,叫人带他们出了王府。

贪官带来的启示

众同学走后，曹雪芹就在门房中闲坐等候曹震。曹震是曹頫的亲儿子，因为曹頫过继过来的身份，小时候曹震与曹雪芹似亲兄弟一般。

但长大后，因曹震年长几岁，喜好又多有不同，所以交往的圈子各不一样，关系不如小时亲密了。

曹震几乎等客散尽了才走，一见曹雪芹，诧异地问说："咦！你怎么没回官学？"

"就为了等你。震二哥，我到你那里，有件事得告诉你。"

"我这会儿不回去。走！"曹震一拍他的肩，"到我衙门里谈去。"说到最后一句，得意之情，溢于言表。

到了镶红旗三都统衙门的门前，曹雪芹看到，门上新贴的一条三十厘米宽、一百八十厘米多长的梅红笺，浓墨大书"定远大将军驻京粮台"；又一张尺寸较小，写的是"定远大将军大营塘报处"。曹震自然是在粮台办事，怪不得一脸春风得意的神情。

进了大门，往右一转，另有一个大院子，南北各有五间敞厅，乱糟糟地挤满了人。只听有人说道："好了！曹二爷来了，你们等着吧！"此言一出，嘈杂之声顿息。

大家都转头来望，有个军机处担任勤务的人上前向曹震请个安，起身引路。曹震昂然直入，在北面敞厅朝南的一个隔间中

坐定，向那来人说道："你请张老爷来。"

"张老爷"便是刚才叫大家等着的那个人，一进来先指着曹雪芹问："这位是？"

"这就是舍弟曹霑。"曹震又对曹雪芹说，"这位是张五哥。别看他成天在铜钱眼里翻跟斗，人可风雅得很，琴棋书画，件件皆能。"

听这一说，曹雪芹便知他的官衔是司库。还没有来得及开口招呼，张司库已放下手里的卷宗，满脸堆笑地拉着曹雪芹的手说："原来是霑二爷！我叫张子谷，咸安宫官学离这里不算远，下了学找我来。"

曹雪芹觉得此人热情可亲，颇有好感，当下满口承诺："是！是！我定会来找张五哥。"

"叫他曹霑好了。"曹震说了这一句，便谈公事，"怎么样？都是来借钱粮的？"

"可不是！"张子谷将卷宗打开，里面是一大沓借条。

"各家情形不一样，请二爷定个章程下来，我好去打发。"

"王爷交代，宁可先紧后宽，开头一宽，做成例规，以后就难办了。"

"那么，是怎么个紧法儿呢？"

"有一个月的恩饷了，另外再准借一个月。"

"一个月怕不行。"张子谷很为难的模样，"有人还打算借半年呢！"

"借半年的钱粮？那不开玩笑！此刻花得痛快，往后吃什么？"曹震接着又说，"最多借两个月，分四个月扣。"

张子谷想了一下说："能不能分六个月扣？"

"好吧！就分六个月。"曹震又问，"祝家怎么说？"

"最近米价又涨了。"

一听这话，曹雪芹便注意了。

原来曹震所说的祝家，是京城里有名的老根儿人家之一，世代业米，在明朝便是巨富，被称为"米祝"。

他家在崇文门外板井胡同的园林极盛，传说十天都逛不完。曹雪芹慕名已久，所以此时不由得留神细听。

"祝老四说，历年的军粮，都是他家办，回扣有一定的例规。不过在期限上可以想法子，如果能放宽两个月，他愿意每一石送一钱半银子。"

"这也不过三千两。"曹震有些失望，"能办得了什么事？"

"本来军粮就是运价贵。"张子谷又说，"祝老四很愿意帮忙，说可以替你出个主意。"

"什么主意？"

"是……"张子谷将椅子拉了一下，凑近曹震，低声说道，"他说军粮完全是运价贵，运到乌里雅苏台、科布多，运价每石二十五两，北路最近的也要十一两，平均是十六两银子一石。两万石米光是运价就是三十二万两，倘或在这上头要点儿花样，弄个两三万是很方便的事。"

"这话有道理。"曹震转为兴奋了，"咱们倒找他谈一谈。"

"那么，祝老四打算出个什么花样，你问他没有？"

"谈了一下，大致是以近报远。譬如运乌里雅苏台，本来规定三千石，报它五千石，运价自然就高了。这多出来二千石的浮

价,就可以扣下来。"

"那,范芝岩肯不肯出领据呢?"

"大概肯出。"

"肯出就好办。不过,这件事一定得先扎扎实实说妥当,'大概'可不行。"

"二爷,"张子谷微笑着说道,"你要扎实,人家也要扎实,领据是出了,将来报领五千石、实运三千石,另外二千石运到近处,户部要追差价,怎么办?"

曹震手摸着刮得发青的下巴,沉吟了好一会儿说:"咱们想法子不叫户部追就是了。"

"能如此,人家就没话说了。不过也得有个凭据才好。"

"什么凭据?"

"这,二爷还不明白,无非拿笔据换笔据……"张子谷没有再说下去。

曹震眨了一会儿眼,迟疑地问:"你的意思是要给他出个借据?"

"对了。如果要追差价,他就拿这张借据来抵付。"

"那么,不追呢?户部不追,我有借据在他手里,不就欠了他一笔债了吗?"

"这是信得过、信不过的事。如果不用追差价,他也不敢拿这张借据来要债。"

"话不是这么说。"曹震大为摇头,"除非他也写张东西给我。"

"要怎么写呢?"

一时没有好办法，也就不谈了。张子谷只说祝老四想请曹震吃饭，主随客便，要个日子。曹震欣然相许，决定在定边大将军出京的第二天赴席。

等张子谷告辞，曹雪芹才有机会开口，将太福晋的意思，照实说了一遍。曹震大感意外。

"这是办不到的事。太太怎么能放得下心？"

"其实，也没有什么，读万卷书不如行万里路。"

曹震道："你别想得太美，自以为一番豪情壮志，等吃了苦头想回来时才会懊悔。反正这件事一定办不通，你趁早死了心吧！"

"可是太福晋那里呢，怎么交代？"

"那好办。反正太福晋也说了，等你年底在官学的期限满了再去也不要紧，眼前先支吾着，到时候再说。"曹震又说，"不过，你还是得回去一趟，不然撒谎就露马脚了。"

"当然。无论如何，太福晋的意思，我得跟娘说。"

"对了！你回头就走，我叫人派车送你去。"曹震踌躇满志地说，"现在可方便了，要车有车，要马有马，要船有船，要伙子有伙子。"

见此光景，曹雪芹立即想到他跟张子谷所谈的事，心里不由得替他担忧，很想劝他几句。当今皇帝最重视官员的廉洁，贪污这样的事，雍正皇帝深恶痛绝。一旦事情败露，只怕平郡王都无法庇护。但还在思索如何措辞时，又有人来回公事了。

"你来得正好！派一辆车，派两个人，送舍弟到张家湾。"

曹震回头问道："你哪天回来？"

"我想多住两天。"曹雪芹答说，"给我借匹马，不必费事。"

"这么热的天,你安分一点儿吧! 中了暑还得了!"

"这样好了,我另外通知通州驿站,令弟要回京,随时可以去要车。"来人说道。

"这样最好。"

接着,曹震便替曹雪芹引见,那人是镶红旗的八品笔帖式,派在粮台上管车马,所以说他"来得正好"。

"震二哥,"曹雪芹想起这件事,"你到祝家去赴席,能不能带我一个?"

"干吗? 我们有事谈,不是去应酬。"

"我知道。我是想去逛逛祝家的园子。"

"那还不好办,等你从通州回来,到他园子里去歇夏避暑,都是一句话的事。"

"这就更好了。"曹雪芹非常高兴,"听说祝家的园子,十天都逛不过来,原该住几天才能畅游。"

"好吧,这件事我答应你。"

一路上,曹雪芹想着震二哥私下贪银的事,心存疑问:人人都削尖了脑袋谋官,不知是不是都为了这事? 这些贪官的贪污手段让曹雪芹觉得心惊胆战,因为在他看来,这样见不得光的行为,早晚会出大事。

夭折的一次相亲

在雍正五年(1727年)春天,曹家举家回京归旗时,马夫人只在家里住了半年,因为蒙恩发还了通州张家湾住宅,他们又移居张家湾。这一住就是六年。

移居张家湾的原因很多,有一个上下皆具的同感是,生活习惯格格不入。尤其是在饮食上,连马夫人都得米饭面食间杂着吃,而且还有繁简的不同。大家最不能忍受的一件事是吃饺子就是饺子,吃打卤面就是打卤面,也没有别的菜。

最初,曹家自然是照自家的惯例,不过由奢入俭,少不得委屈些。那时三房仍如在江宁一样,住在一起,锦儿当家,秋月管账,夏云掌厨,商量定规每天开三桌饭,里头一桌、外头两桌,五菜一汤,三荤两素,有米饭、有馒头。

日子一久,亲友之间有了闲话:"他家还以为是在当织造、巡盐御史呢!排场照旧,看样子私底下隐藏的家财真还不少。"

这话传到曹頫耳朵里,他大为不安。他跟马夫人说:"入乡随俗,既然归了旗,不便再照江南的习惯,让人觉得标新立异,大非所宜。"

马夫人当然尊重他一家之主的地位,于是重新商量,改从北方的饮食习惯,头一天吃炸酱面,弄了八个面码儿,摆得倒也还热闹;第二天吃饺子,除了两碟子酱菜,就是一碗下饺子的汤,名

为原汤,可助消化。

到得晚上,曹震向锦儿抗议:"两碟子下酒菜,再就只有饺子了! 这种日子,我可受不了。"

"受不了也得受!"锦儿答说,"你别闹了! 你的见识跟那位季姨娘一样。"此时,曹震的原配夫人已去世,锦儿续做了续弦,还有了身孕,所以说话比以前硬气了很多。

将自己跟姨娘相提并论,曹震认为是奇耻大辱,怒气刚要发作,锦儿却又发话了:"你等我说完,如果我比错了,你再闹也还不迟。"

锦儿告诉曹震说,这天下午有人来看季姨娘,她跟人大诉委屈,又夸耀在江宁时如何阔气,三顿饭两顿点心,肥鸡大鸭子连丫头都吃腻了。夏云直跟她使眼色,而季姨娘却越说越起劲,到底让人家说了句不中听的话,才堵住了她的嘴。

"人家怎么说?"

"人家说,妻财子禄,原有定数,如今苦一点儿,是留着福慢慢儿享! 反倒是好事。"锦儿诘责,"你倒自己想想,你是不是跟季姨娘一样不懂事?"曹震哑口无言,也只有像马夫人那样叹口气而已。

到得下一天,马夫人找了锦儿、秋月、夏云来说:"我昨儿晚上想了一夜,京城我住不惯,我也不必住在京城。张家湾的房子,是平郡王托怡亲王在皇上面前说话,马上快发还了,到那时候,我想搬到张家湾去住。"

大家面面相觑,不知从何说起。还好一会儿,夏云先开口:"这一来,不就都散了吗?"

"本来千年无不散的筵席！老太爷在时常说，树倒猢狲散。如今树也倒了，本就该散了。"马夫人又说，"四老爷跟震二爷自然要在京里，我可不用。搬到张家湾清清静静，日子爱怎么过就怎么过，也省得听人的闲言闲语。"

"太太的主意不错。"秋月点点头说，"可只有一件，芹官要上学了，怎么办？"

"那是我想搬到张家湾的缘故之一。"马夫人答说，"上学住堂，是芹官该吃的苦，谁也替不了他。再说，不吃这番苦，也不能成才。既然如此，倒不如让他死心塌地。如果仍旧住在京里，他天天想家，我天天想他，彼此都苦。索性离了京，隔着有百八里地，来去不便，他死了心，我也死了心，不是倒好？"

对于马夫人的主张，曹震赞成，曹頫反对。其实也不是反对，只是他自觉有奉养寡嫂、抚育胞侄的职责，极力劝马夫人一动不如一静。马夫人细说了迁出京去，绝了曹雪芹时常想家的念头，反于他学业有益的道理，曹頫方始同意。

正好发还房屋的恩旨下来了，除了张家湾的大宅以外，还有前门外鲜鱼口的一所市房。那里是整个京城最热闹的地方，北邻肉市，东面就是京中第一座大戏园茶楼，寸金寸土，所以这所市房很值钱。

马夫人颇识大体，自己有李老夫人留下来的东西，另外还有专门留给曹雪芹的一份，日子应该是宽裕的。只有曹頫此时还比较拮据，便做主将鲜鱼口这所市房，归属曹頫，每个月收租息贴补，将就着也可以维持一个小小的排场了。

此外，便是曹雪芹的亲事了，是个极大的烦恼。从到京的第

二年起，就不断有人来提亲，但真应了一句俗语，叫作高不成、低不就。首先是门第，虽说一般都是包衣，但曹家出过皇妃，寻常配个小官的人家，首先姑太太——平郡王太福晋——就不愿意。

但也有些满洲世家，尤其是隶属上三旗的，因为皇帝动辄有"包衣下贱"的话，一样地不愿跟曹家联姻。

其次是人品。曹雪芹心目中的好女子，既要娴雅秀丽，又要温柔体贴，还要读书明理，这在旗人家就很难找了。长得俊的倒是不少，但有的满身娇气，有的一字不识，有的不明事理。

偶尔有一两个可算够格的，却又未曾选过秀女，不敢私下婚配。像这样的人才，可想而知，选秀女时一定不会被撂牌子。就算不选入宫去，也一定分配到王公府第，哪里轮得到曹家聘来做媳妇！

这是马夫人的一桩心事。抚孤守节，必得抱了孙子，心里才会踏实，自觉不枉多年辛苦，也能告慰于九泉下的李老夫人。这是一种责任，随着曹雪芹的年龄渐长，这份责任越来越重了。

不过，最近她的心境开朗了些，端午前后，有人来说了一个媒，女家是正蓝旗包衣，姓杨，而且一直保留着汉姓。

杨小姐的父亲叫杨思烈，举人出身，现在安徽当县官。这年三月里，在京的杨老太太得了中风，杨思烈偕妻女回京侍疾，偶然的机缘，为锦儿所见。杨小姐相貌端正，谈吐文雅。一打听今年十八岁，已过了选秀女的年龄，正好配给曹雪芹。为此，锦儿特地从京里赶到通州来做媒。

听过一番形容，马夫人喜不可言，但又不免疑惑。"你的眼界高，经你看中，必是好的。不过，有一层我不明白，"马夫人问道，

"这样的人才,何以十八岁还没有婆家?"

"这就跟咱们家的小爷一样,不肯迁就。杨小姐是杨大老爷亲自教的书,开出口来满口是文章。咱们旗下做官的子弟吃喝玩乐,不成才的居多,杨小姐怎么看得上眼?再说安徽也没有多少旗人,满汉又不能通婚,就这么着耽误下来了。"

"原来是这么一个道理!"马夫人释然了,"总得先相亲才好。"

"相亲的话还早。"锦儿说道,"事情要做得稳当,先别提相亲不相亲,最好找个机会,能让芹二爷看看人家小姐,也让人家看看咱们。你说我这个主意行不行?"

"行!"马夫人想了一下说。

"杨老太太的病好多了,我几时就把杨太太接来打牌,让芹二爷闯了来,不就彼此都见着了?"锦儿又道。

"这个主意好,我们就听你的信儿好了。"马夫人道。

锦儿回京后,马夫人的心境一日比一日开朗,因为一切都可说是称心如意。

锦儿很快就有了回音,说杨太太很愿意结这门亲,欣然接受邀约,作为变通的相亲。挑的日子是农历五月二十五,那天不但是黄道吉日,而且如俗曲《鸳鸯扣》中所唱的,日子是个"成"。

曹雪芹这一回也与以前不同,在相亲以前,先就一处媒人说溜了嘴的地方大加批驳,将女家贬得不堪做配。这一次也许因为媒人是锦儿的缘故,曹雪芹颇为兴奋,而且做了坚决的承诺,只要杨小姐如锦儿所形容的那样,他一定旁无二心,怎么说怎么好。

"我看过皇历了,月底也是成日。到那天我亲自去看,不知道来得及来不及?"马夫人跟锦儿商量。

这是照旗下的规矩,马夫人到女家亲自去相亲,犹如六礼中的问名,看中了送一柄如意,或是赠一枚戒指、一支簪子,名为"小定"。女家到了那天,少不得要费一番张罗,所以马夫人须问"来得及来不及"。

"有五六天的工夫,应该来得及。太太就预备过礼吧!"

过礼便是下聘礼,装点珍饰,买办羊酒。马夫人不愁无事可做,哪知正忙得起劲,预备动身进京时锦儿忽然来说:杨太太母女不能赴约,亲事缓一缓再说。平地起了波折,马夫人大失所望,不明缘故更觉烦闷。

"杨老爷出事了!"锦儿说道,"大前天得的消息,不知是一件什么案子,抚台指名题参,杨老爷一急,跟他老太太一样得了中风,来不及请大夫就不中用了,如今还瞒着他家老太太。"

锦儿又说:"杨太太也真可怜,老爷死了,还不能发丧,不能哭。你想想,那过的是什么日子。"

"杨家已经请了一位叔伯弟兄,赶到安徽料理去了。至于咱们家,我看,这门亲事是吹了。"

"难道是杨家有话,不愿意结这门亲?"

"恰好说反了,杨家是巴不得结这门亲。不过,我不能做这个媒。"

"为什么?"

"我不能替太太弄个累。"锦儿说,"您想,芹二爷一成了人家的女婿,养两代寡妇。听说杨老爷还有亏空,要是一追,不更是无穷之累?"

怎么了结此事,两人都无主意。锦儿正在房里独自思忖,曹震回来了,一见锦儿便说:"杨家的事,很麻烦,万不能结这亲。霭儿的亲事不必急,将来包在我身上,给太太找个才貌双全,又贤惠又能让霭儿得岳父家照应的儿媳妇。"

听到最后一句,锦儿先就皱了眉。"你啊,"她说,"一向就是用不着说的话,偏偏要说。"

话又谈不下去了。正在这时,秋月来了。因为锦儿以前和秋月一样的身份,关系一直很好。锦儿当即说道:"暂时不谈吧!好久都没有和秋月痛痛快快聊一聊了,今儿聊个通宵。"

听得这话,曹震正好自便。"你们姐妹们难得在一起,爱干什么干什么,我不打扰。"曹震说完,抬腿就走。

"怎么样?"秋月望着曹震的背影说,"看你们二爷这一阵子气色还不错。干点儿什么正经事哪?"

"能干得出什么正经事来,还不是陪那些贝子、贝勒、将军、国公爷什么的,变着花样找乐子。我劝他,回京五六年,也没有看他干出什么正经事,成天陪那些大爷玩儿,会有出息吗?你道他怎么说?"

"你别问我,你说你的好了。"

"他说,陪那些大爷玩儿,就是正经事。别看那些'宝石顶子',看上去个个是'绣花枕头',就要'绣花枕头'才好。这话怎么说呢?他说,只要那班人一派上了什么好差使,就少不了他,那时候发财也容易得很。"

秋月笑道:"震二爷真是财迷心窍!"接着又问,"可有过这

么样的机会吗？"

"有过。"锦儿答说，"那年有位福贝子派了陵差，我们那位二爷替一家木厂说合，承揽工程，分了三千两银子。倘若没有这一笔进项，这几年的日子，就不知道怎么过了。"

锦儿突然说道："不谈了！谈起来勾起我的心事，咱们谈些有趣的事。"

有趣的莫如曹雪芹的心事，秋月问道："杨家的那位姑娘，人才到底怎么样？"

"论人才可真是没话说，而且，模样也端正。"锦儿脸上又有惋惜的神色。

"你想吃点儿什么？"锦儿问，"趁早说，我好预备。"

"我想吃烧羊肉。"

"那好办，还有呢？奶卷呢？"

"奶卷倒也想，就是天热，甜得太腻。"

"不要紧！我有上好的普洱茶，还留着四两杭州的龙井，一直舍不得喝，今儿可要开封了。"

"唉！"秋月忽生感慨，"四两龙井还一直当宝贝似的！想想从前的日子，真连觉都睡不着。"锦儿没有接腔。

第二天，锦儿叫人到"羊肉床子"去买了一块烧羊肉，外带一碗卤汁来拌面。晚上在院子里纳凉，一面喝龙井茶，吃枣泥松子奶卷，一面聊天。

"我想起来了，"秋月突然问道，"芹二爷还不知道这回事吧？"

"是啊！我要等你来商量，怎么告诉他？"

"对了!"锦儿又说,"看他明天什么时候来,就知道他对这件事是不是很关心。"

原来约了相看的日子,就在明天。倘或曹雪芹一早就来了,当然表示他对杨小姐极感兴趣。秋月的判断是,他绝不会早来,说不定根本就把这个约会忘掉了。

锦儿与秋月忙了一上午,本来请杨家母女,是打算在馆子里叫一桌席,显得郑重些,如今原约取消,只为曹雪芹预备一顿饭,反倒费事了。因为曹雪芹爱吃的,大都是费工夫、讲火候的菜。

到得午初时分,还不见曹雪芹来,锦儿心里便有些嘀咕了,"可别让你说中了!"她说,"这位小爷忘了今天的约,让咱们白忙一阵,那就太冤了。"

"不要紧,中午不来,下午派人去接他。红煨的鹿筋,本来就差点儿火候,晚上吃更好。"

话还没说完,听得已有人声,一个是曹震,一个是曹雪芹。锦儿迎上去问道:"你们俩怎么会走在一处?"

"我到'造办处'去办事,顺便就把他接了回来。"曹震向锦儿使了个眼色,"你告诉他吧。"

"震二哥说你有话要告诉我。"曹雪芹接口,"我已经猜到了。没有关系,你说好了。"

"你猜到了?"锦儿便问,"你猜到是什么事?"

"杨家的事吹了。"

锦儿仔细看了看他的脸色才说:"既然你猜到了,那就不必忙。先吃饭,回头让秋月跟你说。"

饭开在两面通风的穿堂中,家规犹在,只设两个座位。曹震

兄弟刚扶起筷子,曹震的跟班高升来报,到了两个不速之客,都是内务府的官儿。

"这时候来,"锦儿在一旁嘟哝,"也不知道吃了饭没有。"

"亏得今天有菜。"秋月帮着张罗,"震二爷会客去吧!留客人便饭好了。"

"好,好!我出去看看再说。"曹震披上一件细夏布的大褂儿,匆匆而去。

曹雪芹也就必得暂时搁箸,而且也穿上外衣。锦儿与秋月便重新料理杯盘,预备移席到厅上款客。

正在忙着,只见高升进来说道:"二爷要陪客人一起走,让我来取扇子、眼镜、荷包。另外说跟姨奶奶要一个盒子,里面要装豆蔻、藿香正气丸。"

"好了!"锦儿向秋月一扬脸说,"咱们可以舒舒服服地吃饭了。"

"真是皇恩大赦!"曹雪芹一面解纽子脱长衫,一面说道,"震二哥不在,咱们一块儿吃吧!"

打发了高升后,曹雪芹坐回原处。曹家家规重,有曹震在,总不免拘束。

"有什么好酒?"他问锦儿,"昨儿晚上没有睡好,我得喝点儿酒,好好睡个午觉。"

"好酒有!不过,我得问你,你什么时候回学里去?"

"我今天不回去。"曹雪芹又问,"锦儿姐,你问这个干什么?"

"回头有话要告诉你。如果喝了酒睡午觉,一醒要赶回学里,不就没法儿跟你谈了?既然你不回去,尽管放量喝。有南酒,有玫瑰露,有莲花白。"

"莲花白太辣,玫瑰露的甜味儿受不了。我喝南酒,最好是花雕,天气热,不必烫了。"

取来了酒,锦儿和秋月也都斟了一盅陪他喝。两个人暂时都不说话,只劝曹雪芹夹菜,等他吃得差不多,方由秋月开口。

"杨小姐的老太爷去世了。"

"啊!"刚说了一句,曹雪芹便打断了她的话,"怎么回事?是在安徽去世的?"

"是啊!如今这消息还瞒着她家老太太。杨老爷人是故去了,身后还有麻烦。"秋月接着将杨思烈出事的缘由,约略说了一遍。

"这太惨了!家里还有风烛残年的老太太,看来迟早不保,一旦倒了下来,让她们母女怎么办呢?"

听得这话,秋月与锦儿不约而同地看了一眼,锦儿便说道:"原来是我做的媒,如今我要打退堂鼓了。这亲结不得,不然就是我害了太太。"

"那怎么谈得上?"

"怎么谈不上?你倒想,一成儿女亲家,杨家的老太太能不管吗?"

曹雪芹不作声,低下头去夹了一块粉蒸鸡,刚要送入口中,突然抬头说道:"就不是亲戚,也不能不管。"

"这是什么道理?"

"就算萍水相逢,遇到这种事,也应该尽力帮助,况有此一重姻缘。"

锦儿笑笑说道:"看起来你倒跟杨小姐有缘,也许天生你就喜欢那种样子的人。"

秋月说道:"凡事不能由着你的性子,因为亲事不是你一个人的事,你要为全家着想。"

"为全家着想,名声最要紧。原来说得好好的,只为人家遭了难,咱们就不提这回事了,不显得太势利吗?"

秋月和锦儿都没有想到,他会提出来这么一个理由,而且一时也辨不清这是正理还是歪理,只觉得不容易驳倒。

她想了一会儿说:"事情是两桩。譬如说,已经有了婚约,如今要悔约,仿佛嫌贫爱富似的,自然不是咱们家会做的事。可是八字不见一撇,还没有着手事情就变化了,这又有什么褒贬好落的呢?"

"话不是这么说,只要心一动,就是种了因,必有个收缘结果。何况,已经约了人家来相看,怎么说还没有动手?"

"好!我再请教,假如相看不中呢?"

"那是另外一回事。不过就算那样,彼此总还是有情分在的。"

说到这里,锦儿有了主意,很快接口说:"对!买卖不成仁义在,咱们就照这个宗旨办事,当作相看不中。如今算跟杨家是久已相与的熟人,既然他家遭了不幸,照你的话说,应该量力帮助,送一百两银子的奠仪,也很像样子了。"

这番话说得情理周至,办法也是干净利落。秋月佩服之余,笑着说道:"现在我才知道,强将手下无弱兵,可是把震二奶奶教你的本事拿出来了。"紧接着又向曹雪芹说,"我看就这样子办吧！你看怎么样？"

"你们都这么说，我还能说什么。"

"我们的话又不是圣旨！"锦儿很大方地说，"你如果有更好的主意，就听你的。"

"没有！"曹雪芹话虽这么说，脸上却有怏怏不快之意。

秋月不愿意他受委屈，便又说道："你心里有话，尽管说出来，怕什么！别闷在心里，闷出病来。"

"没有什么！"曹雪芹自怨自艾道，"早知如此，也用不着害我昨儿晚上大半夜不睡。"

"为什么大半夜不睡？"

"今天是'会文'的日子，我得把一篇'策论'写好了才能来，哪知道扑了个空。"

一听这话，锦儿"扑哧"一声笑了出来。

曹雪芹索性说："不管怎样，让我见一见，行不行？"

"行！"锦儿答得非常爽脆，但又说，"这一阵子人家有了白事，不能出门，等她服满了我一定想法子让你看一看她。"

曹雪芹心凉了半截。父母之丧，照旗下的规矩，百日服满；要是以汉人的服制，三年之丧至少得一年以后才能出门。曹雪芹的这次相亲算是不幸夭折了。

禁闭之下的文学创作

官学学习的内容,自然跟在南方读家塾时没有两样,一天到晚死啃封建王朝官定的教科书"四书五经",写刻板枯燥的八股文,以便为将来参加科举考试做准备。

曹雪芹总算熬到官学期满,在家人和亲朋的逼迫下,后来硬是被举荐做了贡生。按照一般封建士子读书仕进的阶梯,他应该进一步地去考取举人,然后再考取进士。

曹雪芹的父亲,他的祖母和母亲,正是这样寄希望于他的。可是被抄家的沉重打击,变幻莫测的权势争夺,使他早已有点儿看破红尘,觉得荣华富贵有如浮云,转眼成空。腐败官场上无非是一群大大小小的骗子和强盗,他怎能与这些人为伍呢?

冬去春来,时序更易,一年又一年地过去。眼见得曹雪芹的年纪越长越大了,家里人都为他的前程着急。

特别是他的父亲曹𬙋,对于他不求上进,于封建礼法多有怪论的不安分行为,甚为忧心和恼火,生怕这样任其发展下去,会闹出于宗族家庭更为不利的事来。

于是,曹𬙋对他的管束日渐严厉了,如限制他读杂书,不让他随便外出郊游等。但是,有限制就会有反抗。曹雪芹对于曹𬙋喋喋不休、滔滔不绝宣讲的程朱理学、仕进功名那套道理,真是听得腻味极了,也嫌恶极了。有时听得实在太厌烦了,他便不免顶撞两句,这更加深了有着特殊父子关系的两人的矛盾,只是还没有达到爆发的地步。

郁闷总得有个排解。曹雪芹把读圣贤书、求功名置诸脑后,却倾心于吟诗作画、赏花舞剑、酌酒听曲。恰好,他在景山官学的时候结识了几个像他一样喜欢听曲看戏的朋友。

景山观德殿西北角有一条巷子叫苏州巷,历年苏州织造府为宫廷选送的优伶都住在那里。苏州戏班演昆曲又最著名,曹雪芹得空就约朋友一道,私下到那儿去。

最初只是看看戏,听听曲,厮混熟了,曹雪芹有时便作为票友客串演戏粉墨登场。乾隆时有人如此记述他:曹雪芹"不得志,遂放浪形骸,杂优伶中,时演剧以为乐"。

一次,一个来自江浙的戏班子在吉祥戏院演出江南戏曲《梁山伯与祝英台》。他们因为来自江宁,所以都知道京城里的曹家是连任过六十多年江宁织造的世家,喜欢听南方的戏曲,所以开演首日,就送帖子到曹家居住的西城,盛情邀请他们全家来听戏。女眷当然是不会去的,曹雪芹就随着家人一起去了。

梁祝的故事,自一千多年前的唐朝就开始流传了。明朝万历年间的唱本《梁山伯与祝英台》《同窗记》《相别回家》等,就已经有了戏曲的草本。到清朝时,曹雪芹看到的《梁山伯与祝英台》已经是一部有头有尾的非常精彩的戏剧了。祝英台女扮男装,为的是寻求男女平等,女子可与男子一样在书院里习书学文,可以反抗传统的"父母之命,媒妁之言",追求真正的爱情······戏台上祝英台的一言一行,与当时曹雪芹的思想是多么合拍啊,他深深地被台上的祝英台迷住了······

扮演祝英台的名叫子都,艺名"豹官"。他的名字起得威猛,人却生得细皮白肉,个子瘦长像个女孩儿一般,所以特别适合担当戏曲里的花旦。

曹雪芹约豹官在台下相见,两人谈得十分投机,没几天工夫两人便好得有点儿难分难解了。

一日,曹雪芹约了豹官,一起参加一个八旗子弟的聚会。曹雪芹高兴,跟豹官合作,在酒桌间合唱了一段《楼台会》。曹雪芹扮山伯,豹官演英台,两人唱得丝丝入扣,将那酒楼里所有的食客通通吸引了过来。

随后曹雪芹又开怀畅饮,喝了不少酒,渐渐地像是有点儿醉了,便想抽身而退。刚走到廊檐下,那豹官紧跟出来,将他扶住,问:"仁兄,怎样了?该不会醉倒吧?"

曹雪芹见豹官如此相惜,更是留恋。他担心豹官南归之后,人地两隔,无法见面,说不定日子一长就将自己忘记了。这么一想便伤感起来,一时竟不知怎样才能留住这样的好朋友。

曹雪芹随即从腰间解下一块护身物——这是一件家传的宝贝,递到豹官手上,道:"我没醉,只是高兴,想与贤弟单独待一会儿,多说会儿话。这件小东西,可是我的命根,你要小心收好了!"

豹官接过,见是一块用上好翡翠雕成的释迦牟尼菩萨头像,就有点儿吃惊,道:"如此贵重的东西,在下怎敢接受?还是你自己随身佩戴着好!"

曹雪芹一听便有点儿着急,连声说:"怎可以如此说,怎可以如此说!"豹官见曹雪芹急得脸都红了,便不再推辞,于是从衣袖中取出一把折扇,递给曹雪芹。

曹雪芹见此折扇正是豹官在台上唱祝英台时用的那一把，高兴得不得了，将它收下后也随手塞进自己的衣袖中。

曹雪芹和这些优伶的交际，让他更加了解这类艺人的生活遭遇，为他日后《红楼梦》中人物的塑造提供了不少素材。《红楼梦》中贾宝玉跟优伶琪官交往的描写，大概就源自曹雪芹和豹官的交流。

没有不透风的墙。这种混迹戏班与优伶为伍的放浪行为，终于有一天被家里人知道了。

这下曹家可炸了锅，从他的父亲曹頫到母亲马氏，都几乎被气晕了。连亲戚族人也同声一词地指责他，骂他辱没门风，不知长进，几乎视他为曹家的无耻败类、混世孽种！

《红楼梦》开卷第一回，有一段抒发作者愤懑的话：

> 背父兄教育之恩，负师友规谈之德，以至今日一技无成，半生潦倒……

这些话，切切实实包含着作者的一段极为痛苦惨淡的经历。父兄、师友，将给他以怎样的冷漠与惩处啊！

果然，他的父亲已经对他绝望，视他为皇朝、宗族的叛逆者，要像对付罪犯一样，对他加以禁锢了。家里人商量了一个办法，腾出一间空屋子，把曹雪芹关起来，让他坐了禁闭。

在封建社会里，坐禁闭非同小可，曹雪芹无异于成了一个冒犯封建纲常伦理的犯人。清代皇帝管教那些不安分、怀异端、喜欢生事的本家宗室，就常常使用这种恶毒的惩罚手段。严重

的在高墙圈禁,轻一些的在家单室禁锢,有的竟被折磨得精神失常,成了疯子。

看看曹雪芹所写的《红楼梦》第三十三回贾政如何教训儿子宝玉的吧! 先是"一迭声"地喊:

> 拿宝玉! 拿大棍! 拿索子捆上! 把各门都关上! 有人传信往里头去,立刻打死!

这里所说的"有人传信",是指贾政怕贾宝玉的奶奶得到消息后,会亲自出面为宝玉说情,这样他就无法发威,也就无法达到好好教训儿子的目的了。因为在他眼中,儿子在外流荡优伶,表赠私物,在家荒疏学业,实在是太不求上进、太不听话,行为也太荒唐了。所以他不让别人插手,只是喝命:"堵起嘴来,着实打死!"

贾政一声令下,那些小厮们就"不敢违拗,只得将宝玉按在凳上,举起大板,打了十来下"。就这样贾政还嫌打轻了,一脚踢开掌板的,自己夺过大板,咬着牙狠命盖了三四下,直打得贾宝玉由臀至胫,或青或紫,或肿或破,竟无一点儿好处。

要不是后来王夫人和贾母闻讯来救,宝玉这讨债儿子差一点儿被他父亲贾政打烂屁股!

当然,这是曹雪芹笔下所写的一幕。而当年的曹雪芹,也几乎是为着这同样的原因——"在外流荡优伶,表赠私物,在家荒疏学业",被父亲罚关了足足三年的禁闭!

事情的起因是那日曹雪芹与戏子豹官在一起喝酒,后来曹雪芹与豹官在廊下互赠礼物的情景,恰巧被曹雪芹父亲曹頫在内务府当差的一位同僚瞧见。

曹雪芹没看见那位老伯也在同一家馆子宴请朋友,而那位老伯却注意到了曹雪芹。但当时那位老伯既不打招呼,也不声张,只是在事后才悄悄地对曹頫嚼舌根子。

曹頫听后,当时脸上就有点儿挂不住,因为他虽然知道曹雪芹平日不喜欢读经史子集这些正经书,只喜欢读野史小说,不爱写八股文章,却热衷作诗填词画画,却并不了解他在外面有些什么作为,如今知道他竟与戏子混在一起,岂不火冒三丈!

那时候,演戏的在社会上的地位是非常低的,几乎和要饭的、妓女一样,是属于下九流的行当。一般人若与他们交往,就会被认为是很不光彩的事了,更何况八旗子弟。

八旗子弟自认为高人一等,是构成整个封建清王朝社会的中坚力量。有这样身份的人降格去与戏子交往,那不是自辱门庭吗? 因此,曹頫是绝对不会放过曹雪芹的。

那时候曹雪芹的奶奶已经去世,他母亲也没有他在《红楼梦》中所写的王夫人那样的能耐,所以,是不太可能有人救他的。更何况,他确实是将那一件祖传宝贝赠予了他人。

他的父亲曹頫自以为这样一来,就可以把曹雪芹制服了,甚至指望有一天他能回心转意,向家人悔罪。

为了严加管束,除了门窗上锁,派人监守外,曹頫还采取了所有能做到的一切斩断曹雪芹尘缘的办法。

在这间空房子里,除了一桌一椅和一张眠床,所有的杂书一概搜索净尽,什么《全唐诗》、词曲小说,甚至包括曹雪芹祖父的

《楝亭诗钞》在内,通通都不许看。

就连他平日形影不离的一支心爱的箫管也被没收。只给他放了一套"四书五经",要他面壁反省,孤灯伴影,两耳不闻窗外事,一心只读圣贤书。另外,特意放有纸墨笔砚,那是要他多多练习写八股文章,以便有朝一日能去科场应试。

清人赵烈文在《能静居笔记》中有一段记载,说曹雪芹"素放浪,至衣食不给,其父执某钥空室中,三年遂成此书"。

这是怎样难挨的一千多天啊!窗外春去秋来,花开花落,室内四顾高墙,日日如坐枯井。曹雪芹哪有心思与兴致去读"四书五经"啊,他,恨不得生出翅膀来,冲出这铁屋子,飞向那宽阔自由的蓝天。

曹雪芹喜欢骆宾王的诗,面对幽闭的小窗,不禁吟唱起《在狱咏蝉》这首名诗:

> 西陆蝉声唱,南冠客思深。
>
> 那堪玄鬓影,来对白头吟。
>
> 露重飞难进,风多响易沉。
>
> 无人信高洁,谁为表予心!

每当春燕呢喃,或秋蝉鸣唱,他便会回忆起少年时代在江南度过的那些明丽温馨的岁月。秦淮河畔的楼馆,寒山寺里的钟声,祖父大书库里林林总总的藏书,祖母萱瑞堂堂堂皇皇的匾额。

更有那些见到的、听来的人间奇案,关己的、不关己的家事纠纷,吏治的黑暗,官场的腐败。

穷苦百姓被盘剥、勒索,柔弱女性被侮辱、蹂躏,小说里读过的生动曲折的故事,舞台上看过的离合悲欢的场面……这一切像一幕幕生动的活剧,在曹雪芹脑海里映现、演化、组合、叠印。情节渐次明晰、集中起来,人物的音容笑貌也越来越加鲜明,真真要呼之欲出了。

他研好墨,蘸饱笔,日日埋头,奋笔疾书,要把这景、这情一股脑儿写出来。写到畅意处,他禁不住发出琅琅笑声;写到悲凉处,他又会像孩子一般"呜呜"地哭出声来。他真是如痴如狂,醒如梦中,梦恍若醒,到了废寝忘食的地步。

曹頫等人见他天天伏案写字,还以为他已经回心转意,在刻苦读"四书五经",写八股文呢!

其实,曹雪芹要写出的是他积郁胸中多年的情绪,一个封建大家庭的兴衰荣辱。曹雪芹要把它写出来,只有让更多人看到一个封建家族的兴亡,才能让那些迂腐的书生们从封建思想的禁锢中解脱出来。传奇小说《风月宝鉴》就是这样产生的。

这本书也是《红楼梦》的初稿。影响深远的《红楼梦》就是在《风月宝鉴》的基础上创作得来的。曹雪芹以他的笔,传出了自己的心声:

> 这个世道已经到了它的末日,天之将倾,补是补不了的。它透过风月场中的情债孽海,看到这个时代、这个社会患的已是不治之症。

家道彻底走向衰落

事实上，不管是曹雪芹愿意也好，不愿意也罢，曹頫关他禁闭也好，让他放任自流也罢，曹家因为受到一场大变故的牵连，已经再次，也是最后地宣告彻底败落了！而且，家族再也不可能有中兴的希望了。曹頫自顾不暇，哪还有心思来管曹雪芹？

究竟发生了什么事，让曹家再度遭难呢？那一场大事故，发生在乾隆四年(1739年)。康熙皇帝本来是想传位给皇太子胤礽的，由于胤礽不争气，"皇太子"的身份两度被废，因而未能顺利接上班，却让其四弟胤禛得胜，成了雍正皇帝。也就是说，胤礽、胤禛本是同根生的亲兄弟，因为都争着想当皇帝，竟成了不共戴天的死敌了。

雍正只当了十三年皇帝就死了，接着是他的儿子弘历接班，弘历就是当年的宝亲王。弘历聪明伶俐，深得康熙和雍正的喜欢，在雍正去世后，遗诏指定弘历当了皇帝。

胤礽在他的弟弟当上皇帝之后的第二年就不明不白地死了。他死了，但他的儿子弘皙还活着，只是再也当不成皇帝了。

这也就是说，弘历、弘皙本是一对嫡亲的堂兄弟，可是旧恨加新仇，他俩成了不共戴天的世仇了。

弘历当上皇帝之后，为政显得比较宽大、平和。这一方面可能是出于他的本性；另一方面，他当然也想借此缓和一下历年留下来的仇怨。

不料这么一来，让弘晳这一帮世仇认为是有机可乘了。于是他们蠢蠢欲动，经多方的策划、密谋、拉帮结派，到乾隆四年（1739 年），以弘晳为首的一场谋反行动便爆发了。结果当然是以弘晳的失败而告终，弘晳等人都被革去了王爵。

第二年，又有庄亲王胤禄的儿子乘乾隆去外地秋猎之机，密谋刺杀，但由于皇帝出巡的警戒，也就是安全保卫工作，做得极其严密，又没成功。

弘晳虽被从宽处理，但还是被关进了景山东果园的高墙里，永远圈禁，生不如死。也就是说，弘晳这回真正是永无出头之日了。

皇室内部的这种你死我活的激烈争斗与曹雪芹家关系密切。曹家虽为家奴，但在清朝当差六十多年，所以"一损俱损，一荣俱荣"，曹家是怎么也脱不了干系的。

在谋反案发生的前一年，曹贵人已经被废。曹家在皇宫内的保护伞彻底倒下了。王公贵族中的保护伞也纷纷倒下：傅鼐因犯大错丢官、坐牢，不久就病死在家中；在此案发生的后一年，被废的老平郡王纳尔苏去世。

再也没人肯出面提携曹家了。随着一场又一场政治斗争风暴的袭来，曹家的社会地位、经济状况更加恶化，曹家的最后一点儿门面再也难以维持，只有化整为零，各自分家过活。

第三章

一身才气有君识

宗学中对酒吟诗

禁闭幽居并没有让曹雪芹大彻大悟、"改邪归正"；相反，使他越加感到难以自容于这个封建家庭，这个黑暗腐败的社会太阴森与可怖。

叛逆的根苗像插入土壤里的种子，曹頫及族人用尽各种手段管束他、制裁他，到头来却如同给这根苗灌水，他没有被淹死，反而越加茁壮、挺拔了。

也正由于持有与当时社会相悖、叛逆的思想，曹雪芹一直没能考取功名，或者说他从心底里就不想卑躬屈膝去考什么功名。

乾隆九年（1744 年），曹雪芹已年近三十岁了。此时，他的母亲已经病逝，他决心离开父亲曹頫，另立门户讨生活去。

其实，曹家哪里还有什么家业可分。分家后，他从东城迁到了西城，有段时间，他东家西家借住，凄凉情状，由此可以想见。

生活无着，漂泊无定，总不是个办法。在此之前，他已经结婚，有了妻室之累。为了养家糊口，经一位朋友的介绍，他终于在右翼宗学里谋得一份差使，担任的是文书抄录之类的职务。

宗学属于皇家贵族子弟学校。清代在紫禁城的东西两翼，分别设立了左翼宗学和右翼宗学两个隶属于宗人府的官办学校。凡属籍于宗人府的宗室子弟，均可以提出入学申请，经宗人府审核批准后，方可入内就读。

课业内容设置有满语和汉语两科,读书之暇还要演习骑射。皇家设立宗学的目的,当然是为了造就皇室本族人才,使大清基业永继。

不过,还有深一层的任务,就是教化和控制这些子弟,要他们安分守法,免得有朝一日祸起萧墙,皇族内部先乱了阵脚。宗学学生一律享受公费,每月由官府发给银、米等生活费用,纸、笔等学习用具。所以,宗学可以说是教养世职官员的高等贵族学堂。

曹雪芹到右翼宗学当差,大概是在乾隆十年(1745 年),他大概三十岁光景。到乾隆十五年,他迁居西山为止,约在宗学任职五年之久。

宗学是皇家设立的官学,教习都是经过朝廷选择的,有着功名德望的人,顽固、守旧、迂腐是不用说的。这样的环境里,空气必然死气沉沉,像一座住着大大小小的和尚,只知在暮鼓晨钟声里"哼哼"念经的寺院。

但是,青年学生并非人人都愿意忍受这样的约束,他们思想的野马怎能甘于受功名利禄的羁绊?家庭背景、个人经历又各有不同,所以,他们的个性表现和人生追求,差异也就相当的大。

这些学生中,有先祖因为这样或那样的原因,被抄过家、没过籍的,被放逐蛮荒之地又遇赦迁回京城的,甚至族上有被赐死的。他们如春江的野鸭,社会的冷暖,人世的炎凉,都已经切身经历过、体验过。他们迫切渴望找得知音,希求有共同语言和心声的朋友。

"嘤其鸣矣,求其友声",曹雪芹在右翼宗学和敦敏、敦诚兄弟的交往与结谊,就属于这种"同是天涯沦落人,相逢何必曾相识"的友情,虽然他们的身世际遇并不完全一样。

敦敏,著有《四松堂集》《鹪鹩庵杂志》等作品。敦敏、敦诚是同胞兄弟,父亲名叫瑚玎,但敦诚在十五岁时,过继给了叔叔宁仁。他们同是和硕英亲王阿济格的五世孙。

阿济格是清世祖努尔哈赤的第十二皇子,和多尔衮、多铎为同母所生养,可见其地位的尊贵和显要。但是,努尔哈赤死后,皇子有十六位之多,在争夺皇位的斗争中,阿济格由于行事不果,归于失败,以致被他的政敌逮捕、削爵、幽禁、抄家。终于还是对他不放心,最后赐予自尽。

由此可知,尽管敦敏、敦诚家族与曹家的等级身份不同,他们一为皇室宗族,一为包衣奴才,但却同样有过被整治、被打击、被抄家的惨痛经历,同样由于皇室内部争权夺位的斗争而遭到残酷的迫害。

在官家气息浓重的宗学里,曹雪芹之所以能和敦敏、敦诚兄弟一见如故,成为好友,恐怕就在于他们有着大致相同的家庭遭遇,从而有了心灵相通的思想感情基础。当然,他们都爱咏诗作画,赏玩传奇戏曲,气味禀性相投,这也是促成他们建立起牢固手足情谊的桥梁。

敦诚写过一篇《闲慵子传》,曾这样回忆他们兄弟二人与曹雪芹等人在宗学交游的畅意情怀:

> 常经旬不出……或良友以酒食相招,既乐与其人谈,又
> 朵颐其哺啜,亦出,出必醉,醉必纵谈。然谈不及岩廊,不为

月旦,亦不说鬼。

由此看来,他们是坐则接席,出则连舆,日日形影不离,投契得好像有永远也说不尽的话、谈不完的话题。这里还特别申明,他们交谈时,一不涉及朝政,二不品评人物,三不说鬼。这其实恐怕是此地无银三百两。

凡是了解清王朝皇室内部斗争从没有止息过,清代的文字狱异常酷烈的人,都能体味出敦诚故意说这番话的苦衷。曹雪芹在《红楼梦》里一再表白,他写书"毫不干涉时世",上面虽有些指奸责佞贬恶诛邪之语,也非伤时骂世之旨,这与敦诚所作有异曲同工之意。

不过,敦诚这话也并不全是障眼法。他是要说明,他们的话题是有范围、有分寸的,绝不像当时有些狐朋狗友聚谈时的言不及义。

敦敏、敦诚兄弟和曹雪芹都很羡慕推崇晋代的高贤阮籍、嵇康,而阮、嵇之流在晋代那样的乱世里,就是以放浪形骸、佯狂自全、臧否人物自命的。相投的禀性,相通的思想,一致的品格作风,使得他们的友谊与日俱深了。

敦诚写过一首《寄怀曹雪芹》的诗,其中有这样的句子:

当时虎门数晨夕,西窗剪烛风雨昏。
接罗倒着容君傲,高谈雄辩虱手扪。
……

诗句中所言的"虎门",即指右翼宗学。《八旗经文·宗学记》云："即周官立学于虎门之外以教国子弟之义也。""数晨夕",即经常朝夕一处叙谈。"接罗倒着",犹如今天常说的反戴着帽子、歪戴着帽子,表现人物的不拘小节和幽默诙谐。"虱手扪",用的是王猛扪虱而谈的典故。《晋书·王猛传》载："桓温入关,猛被褐而诣之,一面谈当世之事,扪虱而言,旁若无人。"表现出了王猛傲视权贵的名士风度。

这几句诗,生动地写出了曹雪芹与敦氏兄弟在右翼宗学朝夕相处时的高谈雄辩与亲密无间。特别是曹雪芹那善于谈吐、倨傲狂放之态,被描绘得活灵活现。

这与裕瑞在《枣窗闲笔》里所描绘的曹雪芹完全吻合:

> 身胖,头广而色黑,善谈吐,风雅游戏,触境生奇,闻其奇谈,娓娓然令人终日不倦。

在某一年中秋节的前一天傍晚,敦敏、敦诚放学后都没有回家。他们约定,当晚要与曹雪芹等人在庭院里一聚。

宗学的西厅是三明两暗的五间房子,平时用来做教师们的休息室,晚间改作职杂人员的宿舍,曹雪芹就住在那间偏房里。厅前种有两棵桂花树,当时花期正盛,幽香四溢。爱开玩笑的敦诚,一见到曹雪芹便打趣地说："芹圃,你身居桂殿兰宫,福分不小啊!"

曹雪芹当然明白这是雅谑之语,于是故意昂头挺胸,迈开方步,口中念念有词地说道："朕……"

还未待一个"朕"字出口,只见敦敏早抢上一步来,用手捂住曹雪芹的嘴巴:"祸从口出,嘴巴上可得有个把门儿的啊!"敦敏小声说。

三人相视大笑。朗朗的笑声,回响在空阔的院落里。

"芹圃,说正经的,你对人生到底怎么看?你关于人的禀赋有正有邪之论,可以说得更具体一些吗?"敦诚拾起前次没有讲完的话题问道,大有言归正传之意。

曹雪芹看敦诚问得认真,便嗽一嗽嗓子,摆开长篇大论的架势,有板有眼地回答说:"敬亭问得好。这几天我正琢磨这个人生大课题呢,准备写进我的书里去。那是我写的一部书,叫《石头记》。概而言之,天地人生,除大仁大恶两种,余者皆无大异。若大仁者则应运而生,大恶者则应劫而生。运生世治,劫生世危。尧、舜、禹、汤、文、武……皆应运而生者;蚩尤、共工、桀纣、始皇、王莽、曹操……皆应劫而生者。大仁者修治天下,大恶者扰乱天下。清明灵秀,天地之正气,仁者之所秉也。残忍乖僻,天地之邪气,恶者之所秉也。若正邪二气相遇,则正不容邪,邪复妒正,其气必赋之于人……正气若生于诗书清贫之族,则为逸士高人;若生于薄祚寒门,则必为奇优名倡。"

敦敏听得将信将疑,插话问道:"那么,依你之言,岂不'成则王侯败则贼'吗?"

"正是这话!"曹雪芹应声击掌,斩钉截铁地说。

关于这一大段正邪两赋的宏论,曹雪芹后来果真写进了《红楼梦》的第二回里。借书中人物贾雨村之口,和盘托出,表达他认为王侯实等同于盗贼的极为大胆的看法。

　　曹雪芹在宗学当差,只是一个小职员,工作并不算繁重。他除了经常和敦敏、敦诚这些相好的朋友聚谈之外,空余时间正好可以用来继续从事他的小说创作。

　　随着年龄的增长、生活阅历的加深和视野的扩大,他逐渐对封建大家庭的荣衰升沉有了进一步的认识,把自己身世、家庭的遭遇放到整个社会的大环境里去考察。他感到以前写下的《风月宝鉴》未免太局限了,没有跳出个人一时感情用事的圈子。他决定重新改写。

　　可是改写谈何容易。他心里明白,这是一项艰巨浩繁的工程,对往昔生活再过滤,对种种人情世态再认识,一个观念在他的头脑里日益明晰:大厦的倾颓是无可挽回的。无可奈何花落去,他只能扮演一个唱挽歌的角色了。

　　于是,他根据新的构思,重新组建故事情节,安置矛盾冲突,让各个人物根据他们自己的性格逻辑,去言,去行,去走完他们的人生之路。在新的构思中,除了包含原稿里对封建贵族腐朽生活的揭露,还努力突出对正面人物的描绘,对理想的追求与歌颂。

　　这样,挽歌就不完全是哀伤和消沉了,你方唱罢他登场,世界总有一日要改变的。曹雪芹并未能够做出合乎历史发展的回答,因为他只是个文人,并不是思想家。

　　曹雪芹和敦敏、敦诚兄弟一起饮酒,一起高谈雄辩时,论题的范围实际是相当宽广的。议论经史,赏析奇文,探幽析微,相互切磋,曹雪芹总能比他们观察得更为深透,言之更为切中要害。当然,曹雪芹确也大他们不少。敦敏比他小上十多岁,敦诚

则更小。

试想，曹雪芹能在《红楼梦》里借贾宝玉之口，大骂一心求功名的人为禄蠹，骂官场赃官恶吏为狗男女，憎恶读"四书"，憎恶写八股文，反对扼杀人才的科举制度，公开提出质问：

难道状元就没有不通的吗？

那么，在与无话不说的知心朋友一起时，曹雪芹高谈纵论这种种黑暗恶浊的怪现状，就是很自然的事了。白纸黑字，尚且哪管世人诽谤；私下谈吐，必更能畅意抒怀，狂放不羁。所以，敦诚才会有"接罗倒着容君傲，高谈雄辩虱手扪"那样的令人动情动容的诗句。

有一回，敦敏、敦诚和曹雪芹一起闲谈，不知怎么一扯，扯起曹雪芹的名号来了。敦诚问："芹圃兄，你的大名曹霑，自然是沾润皇恩之意了。那么，号芹圃呢？参加科考，入泮谓之采芹。《诗》云：'思乐泮水，薄采其芹。'大号芹圃，这岂不是要读书做官吗？"

曹雪芹轻蔑一笑，说："长辈们的意思自然是这样的，不过，如今我已经背父兄教诲之恩，成为于国于家无望之人，还说这些做什么？"

敦诚又问："所以，你后来就又自号雪芹、梦阮。梦阮不用说了，追慕阮籍的狂放不羁，你的性格确也是狂于阮步兵的。雪芹这雅号，可是从苏辙的《新春》诗'园父初挑雪底芹'取来的？"

曹雪芹看了敦诚一眼，笑而未答。还是敦敏长弟弟几岁，看的书多，读的诗多，经的世事也多，他便纠正敦诚的话说："你恐怕只知其一，不知其二。苏辙的诗虽是道出了'雪底芹'高洁、耐寒的情操，可要象征雪芹兄的劲挺傲骨，恐怕就不那么贴切了。依我看，怕是取自范成大'玉雪芹芽拔薤长'的诗句。"

曹雪芹仍是一笑，摇摇头，好像是故意引而不发。禁不住敦诚的再三催问，曹雪芹才从容吟诵出下面四句诗来：

> 泥芹有宿根，一寸嗟独在！
>
> 雪芽何时动，春鸠行可脍。

敦敏说："妙！妙！这不是苏轼《东坡八首》里的句子吗？苏东坡因为牵进'乌台诗案'，被捕入狱，差一点儿要了性命。《东坡八首》是他在出狱后贬官黄州时作的。据苏东坡事后说，吏卒到他家搜查，气势汹汹，他家老老幼幼几乎要吓死。家人赶紧把他的书稿全部烧毁，才算没有被抓住什么新的把柄。抄家以后，亲戚故人多惊散不顾，苏轼也算长了见识。曹雪芹，你真是心藏万端啊！这斑鸠之比，雪芽之喻，直骂得痛快淋漓，佩服，佩服！"

敦诚思忖半晌，方恍然大悟，益觉得曹雪芹有骨气，有学问，禁不住走上前去，拍拍曹雪芹的肚皮说："你这里面跟苏东坡的肚肠一模一样，一肚皮不合时宜！"

"哈哈哈……"他们几人笑作了一团。

敦诚这后一句话，引的是苏东坡的一个笑话。明人王世贞编《苏长公外纪》里，记有一则苏东坡平时与人调谑的趣事：

> 东坡一日退朝，食罢，扪腹徐行，顾谓侍儿曰："汝辈且

道,是中有何物?"一婢遽曰:"都是文章。"坡不以为然。又一人曰:"满腹都是识见。"坡亦未以为当。至朝云,乃曰:"学士一肚皮不入时宜。"坡捧腹大笑。

说到这里,曹雪芹收回话题道:"莫谈了,莫谈了,咱们违犯谈约三章了吧?好,各罚酒一大杯。敦诚,快去我的寝室取来南酒,待会儿宅三、复斋他们还要来,大家好边饮酒赏月,边作诗消遣。"

宅三、复斋都是曹雪芹在右翼宗学里结识的朋友,他们"联吟结社",经常诗酒唱和,成为一时之盛。

酷爱顽石的大诗人

在封建社会里,读书人求"功名"才是正途,沦落到写传奇小说,作稗官野史,甘与引车卖浆者流为伍,那就标志着走到末路了。

所以,曹雪芹的诗名远远大于他小说家的名声。但令人奇怪的是,他的诗却未传世。

曹雪芹的诗作得好,"野鹤立鸡群",人们不能不佩服。敦敏、敦诚兄弟不用说了,除此之外,凡与曹雪芹有过文字交往的朋友,没有不推崇和敬服他的诗才的。

他在右翼宗学,与敦敏、敦诚、卜宅三、寅圃等人"联吟结社"

时，切磋之中，曹雪芹便成了这个诗歌团体的盟主。

敦敏、敦诚等人，都曾不止一次地在唱和中，称颂过他们心目中这位诗界友人。

敦敏称扬他"诗才忆曹植"，敦诚夸说他"诗追李昌谷"。这样说犹有不足，敦诚又在另一首诗《寄怀曹雪芹》里说道：

> 爱君诗笔有奇气，直追昌谷破篱樊。

意思就是说，曹雪芹的诗，不仅像唐代著名诗人李贺的诗那样好，富有新奇的意象，而且还有所超越、有所突破，气象更为瑰奇宏大。无论作诗还是做人，敦诚都最为佩服曹雪芹。

令人遗憾的是，曹雪芹生前写下的大量诗歌基本上没有遗留下来。即使后人搜求到了个别残篇断章，还是沾光夹在几位友人的文稿中，才侥幸保存到了今天。

这是怎么回事呢？原因恐怕有以下两点：

第一，他的诗不轻作。他迁居西山后结识的一位朋友张宜泉就说他：

> 君诗曾未等闲吟。

第二，他的诗不妄作。敦诚由衷称赞他：

> 知君诗胆昔如铁，堪与刀颖交寒光。

试想,这样掷地迸火而有声的书愤诗作,在文祸甚炽的清朝,谁敢收藏?谁敢传布?统治阶级又怎么肯让它存在并传之久远呢?

幸好,还有他的伟大著作《红楼梦》在。曹雪芹正是以诗人的气质禀赋、诗人的胸怀胆识来写这部大书的,《红楼梦》通篇都洋溢着浓郁诗情。

再者,翻开《红楼梦》,配合人物个性的刻画、人物思想感情的表达,几乎回回都穿插有十分精彩的诗。一篇《芙蓉女儿诔》,一曲《葬花吟》,乃至"警幻仙曲演红楼梦"的十二支曲子等,可以说首首都是精品,首首堪称绝唱。

据说是曹雪芹"红颜知己"的"脂砚斋",历史上第一位红学权威,她(他)在一条批语里就曾说道:

余谓雪芹撰此书,中亦为传诗之意。

那么,如果想赏鉴曹雪芹的诗才,用心读一读《红楼梦》里的那些诗,未必不是一个途径。

敦诚比曹雪芹小很多岁,他是一个极为勤学的青年。他受曹雪芹的熏陶和影响最深,在曹雪芹的指导下,不仅作诗进步很快,还跟着曹雪芹喜欢起传奇戏曲来。

有一年冬天,敦诚闲暇无事,决意把唐代诗人白居易的一首长篇叙事诗《琵琶行》改编成为传奇戏曲演唱。

《琵琶行》叙述的是一件实事:

白居易在唐宪宗元和十年（815年），因为受到把持朝政的宦官集团的排挤陷害，被贬谪到九江郡做江州司马。某一年秋天，白居易到溢浦口送客人，忽然听见停泊在江岸上的一艘船的船舱里，传出弹琵琶的声音。这声音听起来很耳熟，像是曾在京都长安听过的曲子。

于是，白居易就派人去邀请这位弹琵琶的女子下船一见。相问之下，才知道她确实原是长安的一位名妓，因年长色衰，委身嫁给一个商人做妾。白居易跟少妇谈得很投契，于是就邀她入席。

为助酒兴，这女子慨然抱琴，一连弹了几个曲子，使白居易非常感动。琴声停歇下来，这女子触景生情，不由得诉说起自己半生的浮沉坎坷和不幸身世。这使白居易敏感地联想到了自己近年的遭遇，顿时生出官场险恶和无罪被贬的不平心绪。

"同是天涯沦落人，相逢何必曾相识！"白居易因此有感而发，含泪写下了长篇叙事诗《琵琶行》。

敦诚怀着一种对白居易，也是对天下所有遭到过不公正待遇的人的同情，很快把全剧改编好了。当然，"借他人酒杯，浇自己块垒"，恐怕敦诚也是有感于自己家世的败落，郁郁不得志，因而借题发挥的吧！

为了听听朋友们的意见，他把编好的传奇脚本拿给许多要好的朋友品评，并请大家乘兴题咏。

大多数朋友都是从"同是天涯沦落人，相逢何必曾相识"的

怀才不遇的心态和角度,也来个借酒浇愁,措辞题咏或题跋的,因为这确实是那个时代不少文人共同有过的遭遇。

他的哥哥敦敏的题词便是这样:

> 红牙翠管写离愁,商妇琵琶溢浦秋。
> 读罢乐章频怅怅,青衫不独湿江州。

老实说,有点儿落了俗套,不能从故事情节本身超脱出来,萌发新意。

唯独曹雪芹的题咏另取一路,立意格调格外新奇,令人拍案叫绝。可惜全诗已见不到了,只在敦诚的一则笔记里,留下了这样一点儿影子:

> 余昔为白香山《琵琶行传奇》一折,诸君题跋不下数十家。曹雪芹诗末云:"白傅诗灵应甚喜,定教蛮素鬼排场。"也新奇可诵。曹生平为诗,大类如此,竟坎坷以终。

真是奇思异想,石破天惊。多么鲜明的感情色彩,多么活脱瑰奇的意象!白傅,就是白居易。因为他曾官居太傅之职,故又称为白太傅。蛮、素,即小蛮和樊素,系指白居易生前宠爱的两个能歌善舞的侍女。

这两句诗的意思是说:

> 白居易这位多才又多情的诗人,如若在九泉之下,闻得

敦诚把他的得意之作《琵琶行》改编成了一出传奇戏曲，必定分外高兴，一定会立即唤来追随他的小蛮和樊素，教她们涂粉施朱，轻歌曼舞，排演这出梨园绝品呢！

不发感伤，没有牢骚，曹雪芹完全沉入到了诗的王国漫游，竟生出阴阳两界相通相应的奇想。从容驱遣，似不着力，却能出语新奇夺人。难怪当日题跋者不下数十家，敦诚却入眼便为曹雪芹的题咏倾倒，在日后回忆起这段往事时还特为引述，成为压卷之作。

大凡古代文人中的高洁之士，都崇尚大自然，热爱大自然。有的还爱之成癖，把自然界中的一木一石看成是人格的象征、生命的化身，自己做事傲物品性的写照。

曹雪芹一生最钟爱石头。不管是绮丽的五色石，还是朴拙的鹅卵石，乃至青山巨石、嶙峋怪石，他无不珍爱，视若生命。他的巨著《红楼梦》的整个故事，就是从青埂峰下的一块鲜莹明洁的石头引出来的，以至书的原名叫作《石头记》。就连小说的主人公林黛玉，也和一块黑色的黛石有着深刻的渊源。

曹雪芹能诗善画，只要他提起画笔来，总少不了先泼墨运毫，取石头移入他的画幅。这可由敦敏的《题曹雪芹画石》一诗为证：

> 傲骨如君世已奇，嶙峋更见此支离。
>
> 醉余奋扫如椽笔，写出胸中块垒时。

原来，曹雪芹画石，也是"借他人酒杯，浇自己块垒"，有所寄思，有所寓托的。他创作《石头记》，叫石头点头说话，都是为了借自然之石的坚顽不屈，尽抒胸中坎坷不平之气。

难道"醉余奋扫如椽笔"，就只是说他作画吗？他有没有赞石、颂石的诗篇呢？

说来也算有幸，近年在文物考古和搜集曹雪芹佚著工作中，新发现了曹雪芹的一首《题自画石》的诗。那是在富竹泉氏撰《考槃室札记》里，披沙淘金找到的。这则札记是这么记载的，某年曾于某贝子家中，见曹雪芹诗画笔记多种，其中有曹所绘巨石一幅，并自题诗云：

> 爱此一拳石，玲珑出自然。
> 溯源应太古，堕世又何年？
> 有志归完璞，无才去补天。
> 不求邀众赏，潇洒做顽仙。

诗句清丽，并不难懂，含义也很明晰，作者借"一拳石"被冷落以自比，表达遗世独立、潇洒自守、不求邀众赏的高洁志向。

有趣的是，西郊香山一带还真有关于"一拳石"的传说。世居香山的白栋亭老人早年讲过"一拳石"的故事。他说：

> 咱们香山园子森朝笏石壁上就有"一拳石"三个大字，那是照乾隆的字后刻的。真正的"一拳石"在圆明园，那儿有块山子石，上边是乾隆皇帝御笔写的"一拳石"三

个字……

还有传说"一拳石"就是今天仍弃置在樱桃沟附近道旁的那块嶙峋怪石。那地方离曹雪芹移居西山后居住的白家疃村不远,或许正因为曹雪芹天天见这块怪石头,相看两不厌,久藏胸中,终于挥笔,横扫成画,高吟成诗的吧!

这些故事说明曹雪芹画的"一拳石"是有实物依据的。画犹未足,更题诗以咏之,诗画映衬,相得益彰,成为文学史上的一段佳话。

曹雪芹诗歌创作的高深造诣,和他的家学渊源是分不开的。

他曾照着祖父诗集中的吟咏,去苏州、扬州寻迹觅踪,用心体察、吟咏,悟出了诗与生活、诗与现实密不可分的关系,学会了炼意、炼字的本领,养成了清新、谨严的诗风。

诗人朱彝尊在给《楝亭诗钞》写的序文里说:

> 楝亭先生吟稿,无一字不熔铸,无一语不矜奇。盖欲抉破藩篱,直窥古人突奥,当其称意,不顾时人之大怪也。

把这几句话移过来评赏曹雪芹的诗,也是很贴切的。

曹雪芹师法前人,却又不落前人窠臼,他"诗笔有奇气",绝不人云亦云,这分明都有着他祖父的诗品和人品的影子。

当然,曹雪芹尤善于博采众长,屈原的骚赋,陶渊明的田园诗,阮籍、嵇康、李白、杜甫、苏轼……都是他所推崇的。

他在博采众长方面,确实是做到了如杜甫所说:

不薄今人爱古人,清词丽句必为邻。

百川汇海,他的诗歌创作才有可能出于蓝而胜于蓝。

曹雪芹并没有独立完整的诗论著作保留下来,我们现在能读到的只是散见于《红楼梦》里的一些论点。他借书中人物之口表达的诗歌创作主张,还是很有个人独到见解的。最有代表性的应属《红楼梦》第四十八回,黛玉教香菱作诗一段文字。

关于诗的内容,他主张第一立意要紧,若意趣真了,词句不用修饰,自是好的,这叫作不以词害意。

关于诗的形式,他主张大致押韵,合乎平仄就行,格调规矩竟是末事;词句新奇为上,若果有了奇句,连平仄虚实不对都是可以的。

关于学诗的门径,曹雪芹主张多读前人的名作,广泛涉猎,博采众家。他借林黛玉之口说:

> 你若真心要学,我这里有《王摩诘全集》,你且把他的五言律读一百首,细心揣摩透熟了,然后再读一二百首老杜的七律,次再李青莲的七言绝句读一二百首。肚子里先有了这三个人做了底子,然后再把陶渊明、应玚、谢、阮、庾、鲍等人的一看。不用一年的工夫,不愁不是诗翁了。

当然,林黛玉有自己的脾气秉性的偏好,学诗是否必须从《王摩诘全集》学起当另作别论。不过,广读百家,各擅其宜,这倒恐怕确乎是曹雪芹学诗的经验之谈。

由此看来，曹雪芹诗笔有奇气，诗胆昔如铁，不是凭空而来的。除了他的生活经历、人品、气质之外，他在诗歌创作的道路上所下功夫之深，所用力气之大，确是令人钦敬的。

曹雪芹的诗文最大的特色就是可以用不同风格的诗词诠释不同的人物性格。比如《红楼梦》中林黛玉的诗大多数都是以哀伤为内容的，薛宝钗的诗大多都是典雅大气的。

失业后的穷困生活

曹雪芹在右翼宗学的岁月是他长大成人后生活最稳定的阶段，随着一些变故发生，也行将结束了。乾隆十五年（1750年），内务府对右翼宗学实行改组，不但人事方面要进行调整，校址也将迁到宣武门内绒线胡同新址。

曹雪芹与敦敏、敦诚兄弟们日日剪烛快谈、联吟结社的事，终于引起了宗学的注意。试想，一个当差的内务勤杂人员，竟吸引了那么多位学生在他周围，这岂不是跟宗学的正统教育分庭抗礼吗？再说，皇室子弟崇拜一个包衣奴才成何体统。

此外，恐怕还有一个原因，曹雪芹孤傲狂放，他的诗文谈吐，确比不少有功名、有头衔的教师高明得多，这样下去，其他教师还会有脸面吗？如此种种，宗学终于借了个因由，把曹雪芹扫地出门了。

曹雪芹失业了，没有了正当的职业，就意味着没有饭吃了。

曹雪芹从此进入了十分困难的流浪的时期,这种处境也是他后半生的基本状况。

他是一个公子哥儿出身的人,不懂得生计的事,也无经营之门路,甚至连衣食也不能自理。这就是他自谓的"天下无能第一"了。

他很快就陷入了缺衣少食、举目无援的困境。在极端的困窘折磨着他的时候,他发出了"富贵不知乐业,贫穷难耐凄凉"的感慨。

当时潦倒的曹雪芹,所能想出来的办法就是求亲告友,忍辱负重地求一个寄食借住之地,暂且勉强苟活。

平郡王府是第一处可以托身寄命的所在。姑母会疼怜他,收容他。平郡王府多一个半个吃闲饭的穷亲戚,原算不得一回事。有些难堪之言,遭受下边人的白眼……这些世态炎凉的人间相,曹雪芹领会了。

不幸的是,平郡王福彭早在乾隆十三年(1748年)便去世了。福彭死后,府中情况已大不如前。曹雪芹在平郡王府勉强住了一段时间,眼看无法再住下去,只好向姑母辞行,来到了岳父母家。

然而他在岳父母家的经历并不很愉快。也许就有些像《红楼梦》中封肃这个人对待他的女婿甄士隐那样:

> 今见女婿这等狼狈而来,心中便有些不乐……士隐乃读书之人,不惯生理稼穑等事……肃每见面时,便说些现成话,且人前人后,又怨他们不善过活,只一味好吃懒做等语。

　　士隐知投人不着,心中未免悔恨……

　　这种局面自然不能久长,曹雪芹渐渐与岳父母家断绝了来往。在无亲友可投时,曹雪芹不得不住在庙院里。曹雪芹小时去过的古庙卧佛寺,那时是赏景,如今成了贫无可归的曹雪芹的寄居处。

　　住处勉强有了,可是三餐没着落。曹雪芹就靠写小说来维持生计。可是写小说是要用纸的,而他连纸也无钱去买。他就把旧历书拆开,翻转了页子作为稿纸,每夜一个人挑灯写作。

　　比寄食生涯略为强一些的,是他后来有了在富贵人家做西宾,也就是当家庭教师的机会。由于人人都知道他才学最富,罕与之匹,于是被"明相国"府请去做了西宾。

　　明府的主人明亮本人是通文墨的,能作小诗句,还能画几笔墨竹。但他对曹雪芹这样放荡不拘的人,未必喜欢,再加上旁人的嫉妒和诬谤,给曹雪芹加上了一个有文无行的罪状。不久,明亮就把曹雪芹辞掉了。

　　被相府辞退了的曹雪芹,声名大坏,没人再敢请他了。曹雪芹在京城内已无立足容身之地。曹雪芹做西宾时继续写人人皆知的《石头记》,不少人爱看他的书稿,及至看不到下文时,就来催促他快些接写下去。

　　曹雪芹每当此时,就对催书的人说:"你给我弄来南酒、烧鸭,我吃饱喝足,就给你续写下一回!"

拔旗归营黄叶村

茫茫乾坤归何处？曹雪芹思前想后，看来京城内是决计待不下去了，只有出城了。那么，举家归营吧！原来清朝时候，凡是在旗的人，在外边混不到事由了，唯一的归宿就是拔旗归营。

清兵入关，曾疯狂实行圈地，除了皇室占有的称皇庄，官僚贵族占有的称官庄，一般旗人所得的分地则称旗地。

北京西郊所圈占的旗地，按八旗的名称划分区域，每区都设有专人管理，称为旗营。原属于哪一旗的人，拔旗归营后就只能回到哪个旗的旗营内。曹家隶属正白旗。

在一个风雨飘摇的秋日，曹雪芹打点行囊，携着妻子回到西郊香山附近正白旗村落了脚。曹雪芹初到香山时，按照旗营的规定，每月尚可以领到四两月例银，每季支领一石七斗米（石、斗，古代容量单位，10升等于1斗，10斗等于1石），另分草房三间。

这点儿进项，生活用度自然很拮据。不过，这里没有城里的喧嚣，没有乌烟瘴气的人事纠纷，倒也落个清静。

清秋时节，香山一脉枫叶染丹，与黄栌树金色的树冠错杂交织，远远望去，像一幅织锦挂毯。

正白旗村满种的也是黄栌树，如果站在山顶往下看，就像谁撑起一把金伞，故又称黄叶村。敦诚在《怀曹雪芹》诗里曾咏道：

劝君莫弹食客铗,劝君莫扣富儿门。

残杯冷炙有德色,不如著书黄叶村。

这些诗句,正是对曹雪芹拔旗归营回到西山后的思想和生活风貌的写照。

他的《石头记》在右翼宗学里并没有写完,一些已经写下来的章回,还有不少地方空着待补。曹雪芹的创作态度一向是很严肃的,一句诗斟酌未稳,一个情节甚至一个细节还没有十分把握,他就空起来,待思虑成熟之后,再回头补上。

他是经历过大富大贵的人,但在饱经沧桑以后,已经体会到这人间的悲苦、世态的炎凉。他开始对过往的一切重作思考,重新评价。

在右翼宗学与友人交游中,他了解到了更多与他相近人家的盛衰变迁、坎坷际遇,这使得他能够跳出自家经历的小天地,把《红楼梦》里所写的人物、事件,放到历史社会的大背景下来观察把握,进一步挖掘出其中的悲剧意义。这就促使他必须继续积累生活素材,边写边改。

《红楼梦》第一回作者自白:

曹雪芹于悼红轩中披阅十载,增删五次。

这就证明这项浩大的工程,是他在晚年贫居黄叶村时最后完成的。

黄叶村厚待了作家。尽管生活十分清贫,有时候不免举家

食粥,但是,农民的真诚,民风的淳厚,给曹雪芹的思想与生活打开了一个新境界。

有一天,他路过汉民村落,看到村民正在忙着收秋庄稼。粮食刚刚打下来装好袋子,庄户头就挨家挨户来讨租了。

农民们哭着喊着向庄户头求告,诉说今年遭了涝灾,收成不好,请求庄户头减收一点儿租子。可是没有用,粮食还是一袋袋被强行装车抢走了。就这样,地净场光,农民们一年的辛苦又落了空。

曹雪芹知道,庄户头抢走的粮食,转手还要运送给作为他们主子的住在城里的富贵人家。

早年,曹家也是这样的。不过,那时候他不知晓农民种地有多艰难、生计有多困苦。

以前读唐诗,每读到"春种一粒粟,秋收万颗子。四海无闲田,农夫犹饿死"这些句子,曹雪芹往往并不大去理会。现今,活生生的情景就摆在眼前,使他陷入了痛苦的沉思之中。

后来,曹雪芹在写到庄头乌进孝来贾府交租一节时,就好像那一日看到的凄惨情状又浮现于眼前了。乌庄头是为贾府经营田地的代理人,本身并不是佃户。他向主子诉说:

> 回爷说,今年年成实在不好。从三月下雨起,接接连连直至八月,竟没有一连晴过五日。九月里一场碗大的雹子,方圆近一千三百里地,连人带房并牲口粮食,打伤了上千上万……

这本是如实反映的,乌庄头却没有获得贾珍一点同情,反而被贾珍臭骂一顿,说他"打擂台",还恶狠狠地斥他:"不和你们要,找谁去要?"

曹雪芹已经朦朦胧胧地意识到,整个贵族统治阶级骄奢淫逸的生活,都是建立在那些一年四季脊背朝天,在地主的土地上当牛做马,流血流汗,却无法活命的广大农民肩膀上的。一旦这些农民的肩膀再也负担承受不动了,他们就只有铤而走险去做盗匪这一条路了。

他借书中人甄士隐之口说:

> 偏值近年水旱不收,鼠盗蜂起,无非抢田夺地,民不安生,因此官兵剿捕,难以安身。

恐怕这正是作家对大清朝局大厦将倾的预感。

曹雪芹在乡村的生活除了写书之外,还有与塾师张宜泉的相识、结谊。这份友情给曹雪芹山村清居的生活,增添了新的乐趣与慰藉。

张宜泉生于康熙五十九年(1720年),卒于乾隆三十五年(1770年),内务府汉军旗人,约比曹雪芹小五岁。他自言"先世曾累受国恩",祖上曾因战功授勋,但后来不知因为何故败落了。足见他也是一个破落户的飘零子弟。

宜泉十三岁丧父,没过几年,母亲也死去,继而遭到哥哥嫂嫂的虐待,被迫分居离开了家。好在他念过书,流落到西郊来,便在农村私塾里谋得个塾师职务。他嗜酒好饮,诗也写得出色,留

有诗集《春柳堂诗稿》。

他在诗稿自序里感叹身世说:

家门不幸,书剑飘零,三十年来,百无一就。

这跟曹雪芹在《红楼梦》第一回"作者自云"所说的"半生潦倒,一技无成",正是一样的口气。

张宜泉也是一个傲骨嶙峋、放浪不羁的人。他与曹雪芹的身世际遇有相似处,又都有着愤世嫉俗、傲世傲物的情怀。所以,两人一经相识,便一见如故,成了交往密切的朋友。

有时候曹雪芹去访他,有时候他又去访曹雪芹,两人便"破灶添新火,春灯剪细花",对饮畅叙,通宵达旦。两人要是有几天不见面,就会有"如隔三秋"的思念,企盼着"何当常聚会,促膝话新诗"。

他们的交谊纽带,正在于能常聚会,得以有畅意抒怀的诗歌唱和。只可惜曹雪芹的诗没留存下来,我们只能从张宜泉的诗篇里,觅寻些踪迹了。《春柳堂诗稿》存有一首题为《题芹溪居士》的七律,对曹雪芹做了热情称赞。

爱将笔墨逞风流,庐结西郊别样幽。

门外山川供绘画,堂前花鸟入吟讴。

羹调未羡青莲宠,苑召难忘立本羞。

借问古来谁得似?野心应被白云留。

曹雪芹结庐西郊,贫贱自守,以诗画著述为乐事,张宜泉的诗描绘得多么真切生动。

"羹调""苑召"用李白和阎立本二人的典故。李白号青莲居士,唐玄宗召他为翰林学士,曾"以七宝床赐食,御手调羹以饭之",初时甚得玄宗欢心。

阎立本为唐代宫廷画家。有一回,唐太宗召他为宫廷画花鸟,他急得汗流浃背,回家后深感惭愧,告诫儿子说:"勿习此末技!"张宜泉借用这两个典故,意在称赞曹雪芹有骨气,宁受穷,也决不去做那种供皇上役使的御用文人、御用画家。由此还让我们知道了一件事,曹雪芹迁居西山后,大约曾有人向宫廷画苑举荐他,被他拒绝了。

饮酒唱和之余,他们谈得最多也最投契的,恐怕还是时世。翻阅《春柳堂诗稿》,张宜泉笔下竟然数次跳出诸如"莫厌飞觞乐,于今不是唐""亭沼非秦苑,山河讴汉家"等直言不讳讽怨当时贵族统治者的诗句。这与曹雪芹在《红楼梦》里借秦汉而讽喻当朝的思想感情,又是多么惊人的一致!

曹、张二人相约同游,寄情山林,还留下了又一佳话。张宜泉在教书、曹雪芹在写书之余,两人相约遍游香山一带山林,也是他们生活中一大乐事。

有一次,他们二人约定要去人迹罕至的一处野山坡寻幽探胜。那里山势险峻,林木茂密,几乎没有什么道路可循,他们便各找一根树枝杈作为拐杖。他们就这样翻崖越岭,攀缘而上,很有一些探险的味道。

漫山遍是黄松,兼有枫树、榆树、柳树、黄栌、柿树、野漆

树,更有荆条、葛藤相缠附。钻进密林子里,荫天蔽日,好像天色一下子黑了下来。偶尔遇见一两个山民,有的用绳子系在崖畔上,在悬空采药;有的抡着一把钝斧头,"哐哐"地爬在树上砍柴。

曹雪芹、张宜泉二人走累了,便坐下来休息。通过跟山民交谈,二人知道这些山民原本都是从平原地面逃租役躲进山坳里来的。却没有想到,跑到这样的深山老林里,也并没有跳出贵族地主老爷的手心。这不,采药也好,砍柴也好,通通还得抵租交纳上去。

待那位砍柴老人摘下裹头的巾布,他们才惊异地发现,原来竟是一位老妇人!老妇人哭诉说:"唉,没有法子啊!我家老头子患了病,卧床不起。不出来捡点儿柴火,拾点儿野果子、榆树皮什么的,吃什么呀!命苦啊,作难死了!"

曹雪芹、张宜泉禁不住连声叹息,劝慰了老妇人一番。曹雪芹还把随身带的一点儿干粮和一把铜钱掏出来,通通放到老妇人手里,这才怅然离去。

二人一边走一边慨叹。曹雪芹愤愤地对宜泉说:"'任是深山更深处,也应无计避征徭!'不独唐代有此惨相啊!"

张宜泉痛楚地点了点头,狠狠地说了一句话:"恐怕是于今尤甚!"

经刚才那位砍柴老妇人的指点,他们后来又翻过一道山冈,寻到了一处古刹遗址。据说,那地方原先叫作广泉寺,如今颓壁残垣,荒凉破败,成了鸟兽栖息之地。曹雪芹有感于世事沧桑,不禁生出黍离之悲,随即吟咏了一首七律《西郊信步憩废寺》。

可惜，这首诗没有留存下来。只有张宜泉的和诗《和曹雪芹〈西郊信步憩废寺〉原韵》尚存。全诗如下：

> 君诗曾未等闲吟，破刹今游寄兴深。
> 碑暗定知含雨色，墙颓可见补云阴。
> 蝉鸣荒径遥相唤，蛩唱空厨近自寻。
> 寂寞西郊人到罕，有谁曳杖过烟林。

值得注意的是，张宜泉既然说曹雪芹的诗"曾未等闲吟"，而且"寄兴深"远，那么，我们有足够的理由推断，曹雪芹《西郊信步憩废寺》一诗，必是充满着吊古凭今、感时伤世、忧国忧民的思想感情。松涛滚滚，烟林苍莽，两位诗人曳杖前行，他们的心底该泛起多少不平静的涟漪啊！

这次深山险游，给曹雪芹的思想带来了新的触动，也对他的创作做了新的补充。山民们的淳朴善良，山民们"已诉征求贫到骨"的极端贫困情状，使他更加深刻地认识了这个世道的不平。

曹雪芹回到家里，顾不得休息，随即翻捡出书稿，重新修改了书中写到刘姥姥的有关章节，特别是关于这个人物的身世、性格、言谈举止。他感到生活本身较之一切艺术都更为深刻。

《红楼梦》第四十一回，鸳鸯考问刘姥姥，问她这盛酒的木质大套杯，到底是什么木做成的？刘姥姥答道：

> 我们成日家和树林子做街坊，眼睛里天天见他，耳朵里

天天听他，口儿里天天讲他，所以好歹真假，我是认得的。

这么质朴生动而又极富有个性的农家语，也应是山居生活恩赐给曹雪芹的。离开生活，他是编不出来的。

做风筝的"大师"

风筝本系玩物，富家子不惜百金求购，足以玩物丧志；贫寒人巧手扎糊出售，正可以此疗饥。曹雪芹授艺，一片诚心，一片爱心，博爱情怀，实实感人。

大约在乾隆十九年（1754年）的严冬岁末的一天，北风呼啸，大雪飘飞，天气出奇寒冷。年关将届，达官贵人、富商巨贾家里，杀鸡宰鹅，张灯结彩，都在忙着准备过年用的福礼，充满了天地增福人增寿的喜庆气氛。

而曹雪芹一家却清锅冷灶，守着三间破旧的空屋，瑟瑟地蜷缩在一张绳床上。儿子一迭声地喊："妈妈，我饿，饿……"曹雪芹前日卖画得来几串铜钱，从集市上换回两斗玉米、十斤麦粉，可那是过年的用度啊！

曹雪芹实在不忍看着儿子啼饥号寒的样子，便吩咐妻子："去，给他擀碗热汤面。小孩子不禁饿，肚里无食，天又这么寒冷，会闹出病来的。"

妻子看看儿子，回头又看看曹雪芹，长叹一声，脸上现出些酸楚,从绳床上下来,低头默默地走向灶台去了。

不一会儿,灶膛里腾起火苗,湿柴噼噼啪啪,浓烟从窗洞里涌了出来。空气里弥漫着一种蒿草的烟味,令人觉得身上好像也平添了一丝暖意。

正在这时,大门外远远传来"咚、咚"的响声,再仔细听听,才听见有一个少气无力的颤音:"芹圃,芹圃。"

曹雪芹卷起纸窗的一处活动垂帘,循声向外张望,这才看清来人是一个肋下架着双拐的中年汉子,那人头发蓬乱,衣衫褴褛,简直像个乞丐。曹雪芹赶紧披上破披风,推门迎了出去,十分动情地朝来人喊道:"叔度,小心滑倒,我来扶你!"

这来人原是曹雪芹的一个老朋友,叫于景廉,字叔度。于叔度本是江宁人氏,早先家居江宁时,他们就相识了。于叔度青年时候从军,不想在征战中受了重伤,失去了一条右腿。病残无依,流落异乡,眼下也落脚到了京城。

一个残疾人,儿女又多,要养活一家老小,日子过得分外艰难。幸喜他早年学过丹青,擅长绘画,虽说不上画得多么好,摆在天桥的地摊上,有时也能换上几文钱糊口。可近些年年景不佳,人们普遍生活困窘,谁还有闲钱买字画呢?这不,一连三天家里断炊,揭不开锅了。万般无奈,他才冒雪一瘸一拐地来找好友曹雪芹求助。

曹雪芹一看昔日的老朋友于叔度竟沦落成这等模样,心里顿时升腾起一腔怜悯与悲愤。叔度因征战致残,也算于国家有过功勋的人,可如今……

这时,耳畔飘来若断若续的一派鼓乐歌舞之声,那是从健

锐营里传出来的。快到新年了,官老爷们自然要排场排场,热闹热闹的。曹雪芹不由吟出唐代诗人高适《燕歌行》里的两句诗:

战士军前半死生,美人帐下犹歌舞!

打个什么仗!卖个什么命!当官的拿士兵的血染红了顶子,升官发财。士兵们死的死,伤的伤,到头来贫病交加也没人管。这世道多么不公平啊!

曹雪芹把于叔度扶进屋子里,掸去他身上的雪花,安顿他在桌前坐下。这时,妻子正好端着一碗热气腾腾的汤面进到屋里来。曹雪芹赶前一步,接过妻子手中的汤面,递给于叔度说:"叔度,快把它吃下去,喝点儿热东西,身子就暖和了。"

于叔度一边吃着汤面,一边诉说起来。原来,他是因为年关难过,万不得已,这才找到曹雪芹门上来想想办法的。

尽管曹雪芹此时日子也过得捉襟见肘,吃了上顿没下顿,但他生性豪爽,意笃于友道,但凡自己有一口吃的,也要分半口给朋友。他指指床边立着的一条布口袋说:"这不,还有两斗老玉米,你先拿去,碾一碾喝粥,还可以喝上几天的。对了,还有几斤麦子粉,你也带了回去,大年初一,给孩子们包一顿素饺子,这年不就过去了嘛!"

于叔度拉住曹雪芹的手,颤抖得半天说不出一句话。他知道,曹雪芹的日子也过得紧巴巴的,弄这两斗玉米不一定是作了多大难呢!曹雪芹看出了他的心思,便宽解地说:"不妨事,我再想想法子。说实在的,朋友有求,自当倾囊相助。不过,这些年的光景,我也是王小二过年,一年不如一年了。我看,得想法子帮你谋个求生之路才是正理。"

交谈间,二人说起京城近况来。于叔度愤愤地说:"咱们这些本分人家,穷得揭不开锅,可我听说某王府一位贵公子,为购买一只风筝,一掷就是数十两银子。唉,若有这一半银两,也足够我们这些人家一年半载的生活用度了。"

曹雪芹听了于叔度这番话,顿时觉得眼前一亮。他双手合在一起,拍出了响声:"好!我这里就有扎制风筝的竹骨和纸张。于兄,咱们说干就干,我帮你扎它几只时新样式的风筝,你不妨带回城里,到小市上去试卖。"

曹雪芹手巧心灵,又是丹青好手。剔竹、裁纸、裱糊、绘画,用了两天一夜的时光,扎制出了四只分别绘有鹰、燕、鱼、蟹的大风筝,形象逼真,栩栩如生。他向邻家借来一头毛驴,帮叔度把玉米、风筝等物放置停当,让叔度骑着驴回城去了。

过了五六天,正是大年除夕这一日的中午,于叔度又兴冲冲冒雪而来,鸭酒鲜蔬,满载驴背。原来,他带进城里去的几只风筝,刚在小市上摆出,就围上了众多的人品赏、赞叹。有几位纨绔子弟争相购买,结果把价钱抬了上去,竟卖得了三十两银子。

见到曹雪芹,叔度便解下腰间的褡裢,高高拎在手掌里,朗朗说道:"芹圃,你真乃妙人!瞧,卖风筝所得,当共享之,咱们可以过一个肥年!"

自此,于叔度便以曹雪芹传授给他的扎糊风筝的技艺养家糊口。生意日益兴隆,后来还在宣武门外菜市口租了一间门面,

扎售风筝。有了一点儿名气，人们都亲昵地称他"风筝于"。

后来，在于叔度多次催促下，曹雪芹用了近两年时间，"谱定新样，旁搜远绍"，终于编定《南鹞北鸢考工志》一书。其中有各式风筝的彩图，有用浅近得近似于顺口溜的韵文形式编写的扎、绘风筝的歌诀。正文前头，还有曹雪芹写的一篇《自序》。他在《自序》里详述了编写这本书的机缘：

　　曩岁年关将届，腊鼓频催，故人于景廉迂道来访。立谈间，泫然涕下。自称："家中不举爨者三日矣。值此严冬，告贷无门，小儿女辈，牵衣绕膝，啼饥号寒，直令人求死不得者矣。"闻之怆恻于怀，相对便咽者久之……

　　风筝之为业，真足以养家乎？数年来老于业此已有微名矣。岁时所得，也足赡家自给，因之老于时时促余为之谱定新样。此实触我怆感，于是援笔述此《南鹞北鸢考工志》……乃详察起放之理，细究扎糊之法，罗列分类之旨，缕陈彩绘之要，汇集成篇，将以为今之有废疾而无告者，谋其有以自养之道也。

后来，曹雪芹又陆续整理编写出了有关治印、脱胎、织补、印染、雕刻、烹调等特种技艺的原理和制作方法的通俗文字，总名为《废艺斋集稿》，流传至今。作者明确声言：此书系为废疾而无告的穷民们撰写的。

乾隆二十二年（1757 年）腊月二十四，懋斋主人敦敏邀请过子和、董邦达、曹雪芹、于叔度几位朋友，来他的槐园一道鉴赏一幅古画。殊未料及,这次赏画之会后来竟成了一个欣赏曹雪芹制作的风筝的览盛会了。

那还是在三四天之前的腊月二十。敦敏收到过子和一封短信,说是可以约定在腊月二十四过府聚会,让敦敏备一请柬,去请一请董邦达。

次日,天气晴暖如春,是几年来年末腊尽之时难得的好天气。敦敏一大早就离家,信步出了城,打算买一坛南酒,好为朋友们的聚会添些兴致。

可是,一连走了几家南货食品店,也没有挑上中意的陈酿花雕。又向前走至菜市口,见有一家纸店,便进去选购了几张宣纸。正要走出纸店大门时,忽听到传来一阵十分耳熟的朗朗笑声,不觉循声寻视,竟出乎意料地遇上了多日不见的好朋友曹雪芹。不由分说,敦敏紧紧挽起曹雪芹手臂,两人说说笑笑地边走边交谈起来。

曹雪芹告诉敦敏:"那一年为于叔度扎了几只风筝,结果这老于竟真的以此为业了。这以后就常常邀请我,要我为他创扎时新的花样。近一年来,又催促我逐类定式,画出图谱,写出制作的规程。他的美意,是想让我以艺活人。这不,前边就到了老于的店铺,不妨进去坐吧!"

说话间,两人来到一家旧裱糊铺门前。曹雪芹正待要呼叫,于叔度已经拄着拐杖迎了出来。这敦敏本是个快言快语之人,刚进得门来,就急嚷嚷要看一看曹雪芹授艺扎制的风筝。

于叔度怀着感激和借机炫耀一下的心情,一件一件,把曹雪芹亲手扎制的和自己在曹雪芹指导下扎制的风筝精品,都搬

了出来，罗列满室。真是五光十色，琳琅满目，争奇斗艳，蔚为大观。于叔度一边摆放着，一边向敦敏述说曹雪芹教他糊风筝，救活他全家的往事，说到动情的地方，声音都有些哽咽起来了："当日若不是芹圃兄传艺救我，我这把老骨头早不知喂了哪里的野狗了。"

曹雪芹在一旁赶紧劝止说："小事一段，那是咱们有缘分。何况，朋友之间本应有个通财之义。今后可千万别再逢人便说这件事了。"

于叔度分辩说："做人得有良心，我受了您的大恩，怎敢不念着您的大德呢？像我这样一个贫贱残废之人，数年来，赖此为业，一家人才侥幸无冻馁之虑。所以，我才一再恳求您为风筝定式著谱，好让那些像我一样有残疾的人，也学会一技之长，借以谋生，免得陷入伸手向人求告的窘境。"

曹雪芹点一点头，慨然叹息说："叔度推己及人之见，我是深为同意的。不是过来人，哪会有这样深切的感受呢！"

于是当下约定，翌日于叔度带上这些风筝，赴懋斋之会，好让董邦达、过子和这些老朋友们饱一饱眼福，也使敦敏家里上下人等开开眼界。

腊月二十四这天，敦敏懋斋中厅的屋檐下面拉起了三根长长的绳子，长绳上挂满了曹雪芹亲手扎制的和于叔度在曹雪芹指导下制作的各式各样的风筝，有宓妃、双鲤鱼、刘海戏金蟾、串鹭、比翼燕、苍鹰……

一阵"咚咚咚"的脚步声，董邦达风尘仆仆地闯了进来，一看这气派场面，惊喜得简直有些发愣，竟痴痴地指着一只叫作"宓妃"的风筝诧异道："这前面站立的妙龄少女,是谁家的女子呀?
真是神品,乍一看跟活人一模一样,令人叹为观止矣。"

脱了披风,在檐下由东向西一一审视良久,口中啧啧不已。
又见角落里立着一只"苍鹰",双翅微翘,目光锐利,好像就要扶
摇而上。

董邦达诙谐地对众人说："咦,怎么把这敢与天公争雄的鹰,
委屈到这个偏僻角落里了?曹雪芹,莫非你也要把它流放到黑
龙江宁古塔去吗?"在座的朋友都能听出这话里藏的机锋,顿时
发出一阵快意的朗笑声。

敦敏走了过去,轻轻把"苍鹰"提过来,摆在厅堂的正中央,
与高洁自重、不染纤尘的"宓妃"并肩而立。曹雪芹击节感叹着,
喃喃自语说:

生我者父母,知我者邦达、敦敏!

这一天的聚会,高潮是观赏曹雪芹亲手施放风筝。曹雪芹
不仅有扎制裱糊风筝巧夺天工的绝艺,还是放飞各式风筝的行
家里手,他甚至有着上知天文、下知地理,观天时、辨风向的丰富
天象知识和经验。

这一日天气特别晴朗。吃罢午饭,眼看到了未时,即下午两
点左右,天气却毫无起风的意思。性急的敦敏有些火躁起来,埋
怨地说："这鬼天气,不想让它刮风,它天天刮个没完没了,今儿
个想叫它送点儿风来,它倒端起架子,纹丝不动了。看样子,今儿
个风筝放不成了。"

曹雪芹嘻嘻一笑,不慌不忙地说道:"莫性急嘛。我刚才说过了,今日午后必有风起。你想,今早稍刮了一阵东北风,卯时过,风就停息了,中午又如此清爽无风。静中孕育着动,我判定未时稍过,必有和风自西而东,申时左右将转为西南风,刮向东北,变为宜人的清风。宋玉不是说过,风起于青蘋之末吗? 现时风力还较微弱,不易觉察罢了。此时,可以先放一些软膀风筝,轻风托翅,也是很有可观的。待西南风起,咱们再改放硬膀,那就更是好看了。"

敦敏听了,颇不以为然,说道:"芹圃,你又不是风神,怎么能知道一会儿必有风起呢? 现时毫无起风的意思,莫非你还能呼风唤雨吗?"曹雪芹依旧从容不迫,耐心地解释说:"呼风唤雨不可能,而刮风的规律是可以认识的。今晨劲风起于丑时,转于寅时入卯时,见和风由西北而转北,天明又转到刮东北风。这正是京师地方冬季里风向的常律。所以,我才敢断言,略等一会儿必有风起。不信,你且等候。"

曹雪芹侃侃而谈,说得头头是道。站在旁边的董邦达深怀敬意地看了曹雪芹一眼,感慨万端地说:"芹圃啊,前人称赞曹子建才高八斗,可惜他曹植只有文才。应该说你曹雪芹才高一石还要有余呢! 你的《石头记》前不见古人,你渊博的杂学知识,恐在当世也算得上是'后不见来者'了。杜少陵《赠曹将军》诗句云:'试看古来盛名下,终日坎坷缠其身!'看来,从古至今,怀才者多不遇时,思之令人嗟叹!"

董邦达话音未落,敦敏顺手从地下捡起几片树上落下的枯叶,就手一扬,树叶果然飘飘地向偏东方向飞了起来,众人同时感觉到脸上有一阵轻风拂过。敦敏兴奋地喊叫道:"起风了,快放风筝去! 曹雪芹,你真是个活诸葛啊!"

说话间,他们几个人步出懋斋,托着风筝来到太平湖。湖边风更溜一些,岸边垂柳的枯枝有些舞动。他们准备先把"苍鹰"放飞到天上去。

曹雪芹用右手捏住"苍鹰"的头向东北方向顺手一扔,趁它向前冲去的余力,左手一翻手腕子,滑开摇车,然后迅疾伸出右手顺势拢住了被风刮起的细鼠儿线,略略往回一带步,回身向着东北方向向上一扬,随后又向右下方做了个半圆的滑线动作,只见这只"苍鹰"在空中翻了个筋斗后,就掉转了身子面向西南,对着风儿"飒"地一立,昂首朝着蓝天一直钻了上去。一会儿工夫,"苍鹰"就越钻越高,自由自在地翱翔于蓝天之上了。

敦敏、董邦达、过子和他们简直看得出神,入了迷,禁不住连声赞道:"好啊,你曹雪芹称得上是'穷且益坚,不坠青云之志'了。这'苍鹰'可以说是你曹雪芹的化身了。"一边说着,一边还鼓起掌来。

"苍鹰"定在空中,曹雪芹把手中的滑轮交给了敦敏,自己又托起放在地上的"宓妃"风筝。

碧蓝的天空,衬着远处的疏柳,弓绦遇风,闪闪飘动,有如风吹碧波,远浪层层。风筝下面挂着许多小铃铛,在地面上听起来,远远的犹似滚滚涛声。

只见那"宓妃"款款凌波徐步,腰肢微微扭动,婷婷婀娜,风流妩媚。观者翘首仰视,一个个看得痴痴呆呆,宛如置身于仙境

一般。

董邦达走到曹雪芹面前，拱手庆贺说："绝技！绝技！我借用春秋时吴国公子季札的一句话说吧，真可谓之'观止矣'！曹雪芹，曹雪芹，我要亲书'巧夺天工'四字赠给你。此生能一饱这样的眼福，也算不虚度了！"

接着，曹雪芹又放起了"串鹭"风筝。一串白鹭，迤逦升空，一会儿成一条直线，一会儿又弯曲为弧形，状若游龙一般。董邦达对敦敏赞赏说："曹雪芹以天为纸，画了许多活动画儿，这莫不是杜工部诗中形容的'一行白鹭上青天'吗？"

敦敏在这次盛会后，写下一篇题为《瓶湖懋斋记盛》的文字，《小序》里曾这样记述道：

> 观其御风施放之奇，心手相应，变化万千，风鸢听命乎百仞之上，游丝挥运于方寸之间。壁上观者，心为物役，乍惊乍喜，纯然童子之心，忘情忧乐，不复知老之将至矣。

这些话确实出自肺腑，令今天的读者读了，也会神往于两百多年前这样一个观赏风筝的盛会啊！我们从《红楼梦》中屡屡看到作者有关扎糊风筝、施放风筝的种种生动逼真的描写，就会更感觉到它的真切、可信了。

关于曹雪芹与风筝，至今北京西山一带，还流传着一些美好动人的传说呢！例如下面一则：

乾隆十九年（1754 年），正黄旗旗试，考放风筝。因为这

132

年春间，京西一带闹蝗灾，长得绿油油的庄稼，转眼之间就整片整片地被蝗虫吃掉了。传说风筝可以把蝗虫引走，旗兵老爷就命家家糊风筝驱虫，并且悬赏说：谁能驱走蝗虫，儿子可以破格做官，另外还有重赏。

正黄旗有个孤寡老人万奶奶，跟前只有一个九岁的孙子叫小顺儿。小顺儿的父亲被迫去当兵征南，结果战死在了异乡。儿媳含恨上吊自尽，可怜只剩下这祖孙二人相依为命。现如今家家都得糊风筝交差，一老一小可该怎么办呀？

幸喜这万奶奶认识曹雪芹，平时遇到什么为难的事，只要老人家张口，曹雪芹从没有回绝过。此时，她也只能再去向曹雪芹央求了。

万奶奶带着小顺儿来到曹家，曹雪芹已猜出老人的来意，满口应承说："老人家，这个不难。放风筝治蝗虫的办法，还是从南边学来的。您回去准备线吧，越结实越长越好。我教小顺儿糊风筝就是了。正好，我这里有现成的滑线车子，到那天治虫时，我去帮小顺儿放。"

过了两天，风筝刚刚做好，蝗虫果然铺天盖地飞来了。四乡的人都奔跑出来，敲锣打鼓，焚香磕头，闹嚷嚷乱作一团。

都统老爷也坐着轿子亲自出阵了，命大家快放起风筝，驱逐蝗虫。一时间，千奇百怪的风筝全出来了，什么"螃蟹""蝴蝶""蜈蚣""钟馗""孙猴儿"，降妖的"法海"，破阵的"八卦图"，形形色色，五花八门。

　　一声铳响之后，各路人等排列开来，前头一人高举起风筝，后头一人紧拉着牵线。可是，有的刚刚飞起一点儿就跌落下来，有的则只是在手中打转，好像见这蝗虫遮天蔽日的阵势，先自怯了三分似的。

　　正在这时，只见曹雪芹帮助万奶奶做的那架形似圆筒的风筝，在一根轴线牵引下，凌空而起，像是长有一双锐利的眼睛，径直钻进了天空中的蝗群里。

　　曹雪芹忙示意小顺儿："快，快往上套草圈。"小顺儿就手把带来的用羊胡子草编成的草圈套在风筝线绳上，曹雪芹一拉一放地抖动着线绳，草圈像长了翅膀一样，悠悠地飞了上去，不一会儿就钻进了风筝筒里。

　　原来，这羊胡子草就像钓鱼的诱饵，蝗群追逐草圈，一窝蜂地朝风筝筒里钻。眼见得风筝沉重起来，曹雪芹就势收线，风筒迅速降下，及待曹雪芹接住风筒，就像倒豆子似的，把满满一筒蝗虫抖落在万奶奶早已点燃的一堆干柴堆上。

　　蝗虫扑火，烧得"噼里啪啦"响。顿时，飘散出一股难闻的焦煳味儿，把这一筒蝗虫来了个彻底的火葬。

　　人们见曹雪芹这风筝捕蝗的办法很灵，个个拍手称快，称赞曹雪芹救了一方人的性命。就这样，曹雪芹一次次地放飞，一次次地焚烧，蝗虫果然逐渐稀少了，散去了。

　　都统老爷看得发呆，想不到平日里蔑视官府、桀骜不驯的曹雪芹，还有这等奇异的本领，就发话说："曹雪芹，快把风筝取下来，我要带进京去为你请赏！"

曹雪芹听了，哈哈大笑地说："都统老爷，你弄错了，这是万奶奶一家的功绩。您应该给他们祖孙二人奖赏。"

说着，他一抖腕子，不知弄了什么机关，风筒脱钩飘然而去，只留下一方状似条幅的东西浮在高空。人们定睛看时，辨认出上面潇潇洒洒书写的七个大字："富非所望不忧贫"。

都统气得面孔蜡黄，气急败坏地跺起脚来，眼看着风筒越钻越高，越飘越远。不一会儿，变成了一个小黑点，不见了。曹雪芹拱手告别了众乡亲，又回首向都统投以冷峻的白眼，背着手扬长而去。

从此，人们更敬重这位有侠胆傲骨的穷读书人了，对于他高超的糊风筝、放风筝的技艺，蔑视权贵、悯孤怜贫的义举，更是赞不绝口、世代相传。

这则传说在曹雪芹所著《南鹞北鸢考工记》一书的图谱里，确有一幅书有"富非所望不忧贫"的风筝图谱。它可以从一个侧面，作为曹雪芹蔑视权贵、安于贫贱的高洁人格的写照。

悬壶济世救穷人

"远富近贫，以礼相交天下少，疏亲慢友，因财而散世间多。"曹雪芹贫不馁志，以艺活人，功德无量。

曹雪芹贫居山村，日子过得日渐艰难。尽管到了"举家食粥酒常赊"的境地，他也绝不向富人家去求告。相反，他从内心里鄙视他们，因为他从自己家庭的由富贵坠入困顿的路途中，彻底看清了世人的真面目。

倒是那些穷苦的百姓，给他以真诚的同情与帮助。一报还一报，他要把自己的博爱之心、自己的知识与才干，完全给予那些善良的生活困苦的人们。

曹雪芹多才多艺。他不光著有《废艺斋集稿》这类传授各种技艺的书，像曾经帮助于叔度学会做风筝而求生存那样，以艺活人，他还懂些医道，常常免费为穷乡僻壤贫苦无依的人治病。至今在香山一带，还流传着不少这样的故事。

曹雪芹为患了白内障的一位老太太治愈眼疾，就是很为人称道的一件事。曹雪芹的朋友敦敏在《瓶湖懋斋记盛》一文里，记录下了这则佳话：

> 有一年秋天，敦敏专程去西郊白家疃探访曹雪芹，可惜，曹雪芹外出还没有回来，未得一见。正要怅怅欲归，却在曹雪芹居住的小院落门外，遇见一位姓白的老太太。

> 白老太太向敦敏自我介绍说她是曹雪芹的邻居，有什么事，尽管告诉她，待曹雪芹回来，她一定会负责转达，并且拿出纸笔让敦敏留言。说话间，白老太太又回屋里端出一碗煨白薯，热气腾腾，盛情招待敦敏。

> 敦敏深为这位白老太太的热情好客所感动，不由得问起了老太太的身世。白老太太折起衣襟，擦一擦昏花的老

眼,激动地详细诉说了曹雪芹为她治好眼疾,并且接她来同住的经过。

原来,这位白老太太个人遭遇很不幸,当初生下儿子刚一年多,丈夫就去世了。夫家贫寒,没有留下什么产业,孤儿寡母,相依为命,靠着给人家做帮工,替人缝缝补补,挣得几个钱勉强度日。她一心指望儿子长大,苦日子能熬出个头儿。

不料儿子二十岁那年,染上了可怕的疫病,又没钱医治,很快就去世了。这可真是冰上加霜,可怜她仅有的一点儿希望也破灭了。世道逼得她没有了活路,只得孤身一人去一大户人家当佣工。这样一来,她就彻底没有了家。

去年冬天,由于她一想起儿子就禁不住恸哭一场,天长日久,终于哭得眼里起了白瞖子,双眼都瞎了。主人见这个瞎老婆子再没有一点儿用了,狠心地辞掉了她。可怜白老太太无家可归,只好拄着一根竹竿,艰难地摸索着,到她的一个外甥家暂时栖身。

她是三生有幸,在绝境中遇到了好人。恰有一天,曹雪芹路过那里,无意间听说了这位白媪的悲惨身世,以及她双目失明、无家可归的情状,甚是同情和怜悯,便马上让人扶出白老太太问了病情,认真进行诊看。

曹雪芹安慰老人说:"老人家,你这眼病系忧伤过度起了白瞖,这叫气瞖眼。我给您配一种药试试看,每天点眼三次,坚持治一阵子,白瞖消退掉,眼病就会好了。"

第二天,曹雪芹就拿了配好的眼药来,耐心为老妇人施

药。经过近三个月坚持不懈的治疗,一开春,奇迹终于出现了:白老太太真的两眼又重见了光明!她的高兴劲儿就甭提了,逢人便夸说曹雪芹是好人、神医,怜悯穷人,为人慈悲为怀。

后来,曹雪芹还把这位无依无靠的白老太太接到自己家里,让出一间房子,安顿老太太住下,他们相处得就像一家人。曹雪芹有时外出,就把家托付给白老太太照应。

曹雪芹巧治跌打损伤的故事,更是脍炙人口:

有一回正白旗的满洲副都统赫端乘坐轿车,由于过桥时马受了惊,狂奔的惊马连人带车翻到蓝靛厂附近的水沟里。

赫端左脚脱臼。赶车的把式金大叔伤势更重,胯骨被车帮重重地砸了一下,当时就站立不起来了。大伙儿赶紧把赫端抬回本旗,连夜从北京城里请来医生急治。金大叔呢,则由穷哥儿们背着,送回到了喂牲口的场院。

赫端的伤势并不很重,有钱有势的人娇气,又嚷又叫,好像就要断气似的。那时候,医生都忌讳给当官的看病。官老爷难侍候,治得不妥当便会受到连累和怪罪,所以,能躲的都躲了。

结果,赫端治了几天,也不见好转。金大叔伤势重,却求不起城里来的医生,眼巴巴躺在床上怪可怜的。穷哥儿们中有一位姓卫的大叔,知道曹雪芹会正骨,就把曹雪芹请了过来。

曹雪芹自打搬到西郊居住后,和乡民百姓相处得特别好。他有人缘儿,平时又爱帮助人,大伙儿都很敬重他。他也爱跟三教九流的人结识,所以,这卫大叔、金大叔都是曹雪芹相识的熟人。

曹雪芹跟着卫大叔来到场院,未进场屋,就听见屋里"哼哟,哎哟"的呻吟声:"哎哟,痛死我了,怕是活不成了……"

曹雪芹掀开草帘子进得屋来,也没顾上说句安慰的话,就俯在金大叔身上从下往上摸了一遍,有的地方捏一阵子,有的地方揉两下子,意思是先舒展舒展筋骨,为找准伤处施行正骨手术做准备。

这么摸弄了一阵儿,曹雪芹才算松了口气,说:"金大叔,不妨事。胯骨挫伤了,万幸骨头没有断,还好治。"

他一边说着,一边请卫大叔帮他把金大叔从床上扶起来,让金大叔试着往下蹲。金大叔下蹲到再也不能向下的当口,说时迟,那时快,只见曹雪芹一只手紧握金大叔的一只胳膊,另一只手抄住金大叔的脖子,猛地"呱嗒"一下,把金大叔摔在房门前的平地上。

只听金大叔"哎哟"一声惊叫,不偏不倚,受伤的那条腿的胯骨正好紧贴地面,像是在板床上让谁给用力捺了一下,顿觉轻快了许多。曹雪芹也长吁了一口气,说道:"金大叔,您站起来试试看。"

奇迹果真出现了。金大叔躺着先伸了伸腿,受伤的地

方竟然不痛了，一个转身，左手摁地，一骨碌从地上爬了起来。然后伸一伸胳膊，踢一踢腿，四肢都听使唤了——说明已经没啥大碍了。

金大叔拉着曹雪芹的手，真不知道怎么感谢他才好。金大叔满含着热泪说："曹雪芹啊，大叔这辈子忘不了你的大恩大德。多亏你治好了我的腿，要不，我残废了，一家老小可该咋办啊！"

曹雪芹忙说："金大叔，别这么说，不留毛病比什么都好。刚才把您摔重了吧？俗话说，矫枉必须过正。您的胯骨错缝好几天了，我怕一下子复不了位，所以劲儿用得狠了点儿，让您吃苦了。"

金大叔赶忙说："您说到哪儿去了，治病嘛，再重大叔也不怪你。过去只听说过摔胯背胯正筋骨，今日可真在我身上应验了。曹雪芹，你可真是神仙转世，妙手回春啊！"

曹雪芹摔胯治愈金大叔创伤的消息，很快传到了副都统赫端的耳朵里。那时赫端正"哼呀哎哟"地疼得乱叫唤，城里来的大夫应付着给他捏过，可他不配合，光喊疼，还骂大夫饭桶、不中用，大夫无可奈何就走了。

他听说曹雪芹治好了金大叔的病，先是不信，后来又大发脾气，骂手下的人为什么还不快去把曹雪芹给传唤来。他认为自己是副都统，传唤一个曹雪芹还不容易吗？他却忘了曹雪芹是什么性情的人，哪里把他这样的赃官恶吏放在眼里。

不用说，去的人碰了一鼻子灰，回来禀报说："曹雪芹说他的医道浅陋,怕治不了老爷的病。如若非要他给治,那就请您自己走去,亲自去求他。"

赫端听人这么一说,气得咬牙切齿,喷着唾沫星子大骂:"好你个曹雪芹,被抄家落魄到这个地步,你还敢抗上!等我好了,非把你撵出旗不可。"不过,骂归骂,眼下还是求人治病要紧啊!他转念一想,好汉不吃眼前亏。赫端只得忍气吞声,让家里的仆役搀扶着他,一瘸一拐地亲自找曹雪芹去了。

曹雪芹只是要借治病故意治治他,好为穷哥儿们出一口恶气。见赫端果然被人拥着来了,便走出门来,大喝一声:"松开他!"仆役们还没反应过来,刚一撒手,只见曹雪芹飞起一脚,正踹在赫端受伤的左腿上。

赫端"哎哟"一声惨叫,正待要破口大骂曹雪芹放肆、无理,不想一伸左腿,竟自己爬了起来。

曹雪芹轻蔑地一笑,说:"赫老爷,尝出点儿滋味了吧?平日别动不动就用脚踹穷人。"

赫端明知道曹雪芹讥讽他,也不好再说什么。因为没有曹雪芹这一脚,指不定脱臼的腿还得疼多少天哩!他只好强装个笑脸,嘻嘻地说:"曹雪芹,你有如此绝艺,还不谋个差使?请到我府上一坐,我有话说,要重重谢你。"

曹雪芹望着沾满一身泥土的赫端,眼前好像幻化出一条挨了棒的恶狗。他知道,这条恶狗在伤好后,还是要咬人的,便拱一拱手说:"赫老爷,太阳不会从西边出来。再会!"

这时,太阳正向西山沉下去,天际布满了灿烂的晚霞。

曹雪芹为人聪明，虚心好学。他不是死啃书本知识的人，他遍读百家，杂学旁收，还随时留心向五行八作的劳动者请教，拜"泥腿子"为师。他的医药学知识，不少就是通过与药农交谈，亲自上山采药，收集民间验方得来的。在当时的封建社会里，穷乡僻壤缺医少药，就是有钱，也很难像城里人那样随时可以到药铺买到药。他深深体念乡民百姓的病苦，总是自己上山采些中草药回来，用心炮制，做成各种有效用的成药，免费施舍给人。

曹雪芹还有一手专治一种叫作黄病的绝招儿，黄病类似于今天我们所说的黄疸病，他选药和炮制药的方法很是稀奇。有下面这样一个故事：

有一回，曹雪芹去海淀探望一位朋友。那时的北京海淀还真有"海"呢，几个湖泊相连通，岸上稻花飘香，淀里芙蓉出水，白帆点点，渔歌阵阵，好似江南水乡的风光。

他沿着湖岸的柳荫走过，忽然发现前边不远处，有一位面带病容的瘦弱书生在淀边徘徊，好像有什么沉重的心思，摇着头唉声叹气。

他心中一动，刚要走过去，只听"扑通"一声，那青年书生已经跳进了淀子里。不好，那人显然是自寻短见。

曹雪芹早年在江南居住时喜欢游泳，水性不错。见此情景，他顾不得脱去衣服，一个猛子扎下去，一会儿工夫就把落水的青年人救上了岸。他为青年人控了控肚子里的水，那青年书生渐渐地睁开了眼睛，苏醒过来。

待青年人完全恢复了神志后，曹雪芹问了他的身世，问他为什么年纪轻轻的要跳水寻死。原来,这个青年书生姓柳,父亲早丧,自幼与母亲相依为命。母亲千难万难供他念书,好不容易考上了生员,拨来瓮山当差,不料染上了黄病,以致瘦弱无力,连生活也难自理了。无钱医治,又怕别人嫌弃他这病传染,思前想后,他觉得自己活在人世上已经不中用了,因此,产生了投水寻死的念头。

曹雪芹听罢,忙安慰年轻人说:"你年纪轻轻,日后的道路还长着呢! 黄病并不是绝症,你信得过我,我给你治治看,可以治得好的。再说,你死了图清静,你年迈的老母靠谁养活呢?"

听曹雪芹这么一说,年轻人甚是感动,忙"扑通"一声跪下说道:"寻死这条路,我也是万般无奈啊! 大叔,只要您能治好我的病,今世报不了您的大恩,来生变牛变马,我也要报您的大德!"

就这样,书生每天遵约来找曹雪芹讨药、服药,一天一剂。不觉半个月过去了,书生瘦弱的身子慢慢有了起色,脸上的黄也明显退了去。曹雪芹给这个青年服的是什么神药呢? 原来是从淀里捉来的活泥鳅。黄病多因肝火所致,而泥鳅性凉,活活吞下去正起到平肝降火的作用。

连服一个月后,书生像是换了一个人,满面红光,身子骨结实多了。从此,他跟曹雪芹成了莫逆的忘年交。柳湘莲也喜欢唱昆曲,扮相又好,跟曹雪芹谈得来。据说,这年轻人后来被曹雪芹写进了《红楼梦》里,就是那个倜傥风流,让尤三姐为之倾倒的柳相公,他也叫柳湘莲。

曹雪芹由一位贵族阔公子变成一个"举家食粥"的平民百姓,这中间他是吃尽了人间辛酸的。他坚守"威武不屈""贫贱不移"的正直读书人的信条,对于吃糠咽菜的困苦生活,他甘之若饴。他深深体会到,"清贫"二字不是耻辱,对于能够自守的读书人来说,毋宁是一种褒奖。

曹雪芹这人乐观、放达,为人耿直,什么苦都能吃得。他又见多识广,心灵手巧,总爱琢磨个事。他发明制作的"度荒糕",也挺有说头:

> 当时农民种庄稼,全靠风调雨顺才会有收成。可是,天时总也不好,不是涝了,就是旱了。有时永定河水泛滥,还闹水灾。
>
> 年年闹灾,简直把农民害苦了,为了度灾荒,家家都愿多种一些产量高的地瓜、山芋之类的作物。可这些东西秋间收成下来,保存不善就会烂掉。要是烂掉了,不仅一冬没有吃的,次年春天非闹大春荒不可。
>
> 曹雪芹吃过荒年难挨的苦头,他就琢磨着能不能想个法子,把秋天新收下来的地瓜、山芋经过加工,妥善储存起来一些。
>
> 他在南方见过点心铺做槟榔糕,当然,那用料是很考究的,红枣、栗子、芝麻、黑糖、南糖加上糯米熬在一起,喷香喷香,晾干了能长期保存。
>
> 那么,把地瓜、山芋一起熬煮,有粮食就加进些粮食,晾干了不也甜丝丝可以久存久放了吗? 他先做了实验,很是

成功，就把这种加工方法传授给贫民百姓，从此，家家都做起地瓜糕来。把这种糕做成方砖形状，平时砌在墙里，既不招虫咬，又不占地方，隔年食用，还跟新做的一样。曹雪芹给它起了个好听的名儿叫"度荒糕"。

果不其然，就在曹雪芹教乡民做糕的第二年，遇上大旱，由于家家储存了度荒糕，吃时用热水一泡，稠糊糊的，像糖粥一样，老百姓仗着它度了饥荒，才算没有饿死人。大家从心里感激曹雪芹，为了纪念他，便把那方形度荒糕叫作曹糕。

这些美好的传说，从一个侧面反映了曹雪芹伟大的人本思想，也反映了人民对这位伟大作家的崇敬与怀念。在一年的除夕，有人赠给他这样一副对联：

远富近贫，以礼相交天下少。

疏亲慢友，因财而散世间多。

再去江南做幕僚

乾隆二十四年（1759 年）初秋，曹雪芹曾有过一次江南之行。世事苍茫，从十三岁那年因遭抄家之祸被遣回京城，已经三十多

年过去了,江宁现在会是个什么样子,旧家安在哉?

曹雪芹南国寻梦的信息,是从敦敏的一首诗里透露的。

乾隆二十五年(1760 年)重阳节后的一天,敦敏去访问一位叫明琳的朋友。在明琳的"养石轩"刚刚落座,忽然听到邻舍隔墙飞过清朗的笑声。只听得一人高谈阔论,声音分外熟悉。敦敏马上辨认出是曹雪芹!其他人没有如此清亮、朗润的声口。

敦敏喜出望外,急忙跑过去看,果然是老朋友曹芹圃。他俩自分手,转眼已经一年多了,今日别后重逢,不期而遇,该是多么高兴啊!敦敏一把抱住曹雪芹,恨不得抱起他来抡上几圈。两人手挽手,联袂而行,说说笑笑,重又回到明琳家的"养石轩"来,与明琳三人对坐共谈,畅叙别情。

明琳是镶黄旗贵族傅恒的侄儿,姓富察氏。富察氏和曹家两家本有些亲戚关系,所以,都是老朋友、老相识,正可无话不谈。当然,交谈的中心是曹雪芹这回南行的情况和旅途见闻。

曹雪芹原是一个极健谈的人,一些人或世事,一经他描绘渲染,便绘声绘色,活灵活现,引人入胜。明琳命家人摆上酒宴,三人在觥筹交错间谈兴倍增。

席间,敦敏乘兴题诗一首,诗题兼序:

> 芹圃曹君别来已一载余矣。偶过明君养石轩,隔院闻高谈声,疑是曹君,急就相访,惊喜意外,因呼酒话旧事,感成长句。

其诗为七律一首:

可知野鹤在鸡群，隔院惊呼意倍慇。

雅识我惭褚太傅，高谈君是孟参军。

秦淮旧梦人犹在，燕市悲歌酒易醺。

忽漫相逢频把袂，年来聚散感浮云。

这首诗生动地记述了他与曹雪芹邂逅于明琳养石轩的欣喜情状，表达了对老朋友的真挚情谊。大意是说：

你有高洁的品格和出众的才华，就像野鹤昂首鸡群之中一样，引人注目、钦敬。从隔壁院落里，传来你谈笑风生的清亮声音，老朋友久别重逢，我的激动情怀真是难以表达。

惭愧的是我没有褚太傅那样的知人之能，识君恨晚；而你却像晋代的名士孟嘉，才气超人，妙语如珠。

我从你的谈吐中得知，你过去在江宁的繁华生活已如春梦般永远消逝了；幸得旧人尚在，正可相亲相慰，相依为命。如今你在京中命运不济，慷慨悲歌，因感叹人世坎坷艰辛，便不免常常借酒浇愁。

今日喜得久别重逢，来来来，让我们手拉着手，紧紧相握，一慰咱们时聚时散、飘忽如浮云的思念情怀吧！

敦敏的诗情辞恳切，可知这一年多的别离，对这两位曾多年朝夕相处、情同手足的老友来说，该是多么的不寻常！

这一年多，曹雪芹正是回江宁寻梦去了。曹雪芹迁居西山

后,尽管生活条件很差,有时穷困得赊酒食粥,他还是含辛茹苦,坚持把《红楼梦》写了下去。他在《红楼梦》第一回曾做过这样的自白:

虽今日之茅椽蓬牖,瓦灶绳床,其晨夕风露,阶柳庭花,也未有妨于我之襟怀笔墨者⋯⋯

大约在乾隆二十四年(1759 年),曹雪芹完成了将近八十回的《石头记》修订稿,便交给脂砚斋去传抄。恰在这时,江宁一位与他家有旧谊的人出面,托人带信来,请他到两江总督尹继善那里做幕僚。

曹雪芹一方面为了生计,另一方面对久违的江南早已十分怀念,而且还想趁此机会,进一步去收集一些创作的补充材料。三全其美何乐而不为呢,于是便欣然应聘,决计不日买船南下。

这次动身回南方去,走的仍是水路,沿大运河南行。一路满眼秋色,田野里庄稼大部分已经收割了,现出一片片灰白色的谷田垄来。船到瓜州古渡口时,天气突变,封江停航,只好就停舟瓜州,暂时滞留下来。

瓜州地面有一沈姓大户,久仰"江宁曹家"盛名,得知当年老织造曹寅之孙曹雪芹现正滞留此处,甚为欣喜,特地主动到曹雪芹下榻的客店访问。

沈氏恳请曹雪芹搬到自己家中去住。曹雪芹委婉辞谢说:"常言道:'腰缠十万贯,骑鹤下扬州。'曹雪芹此来囊中羞涩,还是住在小旅舍里方便些。"几番推辞不过,只得从了主命,移居沈家,受到主人热情款待。

临别时,为了答谢主人款待之殷,曹雪芹特展纸挥毫,画了《天官画》和《鲤鱼图》二幅丹青相赠。据说,后来还有人在这两幅画上题咏,被视为稀世之宝,可惜今天都难觅其下落了。

曹雪芹早年不止一次去过扬州,但那时候实在太年幼,不能真正领略古人"烟花三月下扬州"那种倾心神往的情致。这一回借滞留瓜州机会,他正可以故地重游,体察一下这个"千家养女先教曲,十里栽花算种田"的历史名城的风韵和社会人情。

一日,他出镇淮门循小秦淮折而北,游览了著名的红桥。他记起了明人王士禛的一篇游记:"林木尽处,有桥宛然,如垂虹下饮于洞,又如丽人靓妆袨服,流照明镜中……"那么,红桥当为"虹桥"了。

那里清静依然,只是秋风瑟瑟,令人生出一种悲凉之感。曹雪芹知道,这是由他的心绪造成的。之后,他游了平山堂、天宁寺,还怀着一种莫名的景仰心情,登梅花岭,凭吊了前朝名臣史可法的忠烈祠。

曹雪芹遥想自己祖父曹寅在世之日,曾在扬州天宁寺设立书局,团结了一大批学者进行古籍整理与刊刻,那是怎样的盛事啊!如今自己却连说话都得提防。想到这些,他顿觉游兴索然,便早早地折身往回走去。

待天日晴和,又登船江行,江宁已经遥遥在望了。王安石有诗云:

> 京口瓜洲一水间,钟山只隔数重山。

到了江宁以后,未及安寝,曹雪芹即租赁一辆马车,对本家十三处故居一一重访。他看到当年的江宁织造署,已经翻建成乾隆皇帝的专用行宫,黄色的琉璃瓦,在阳光照射下熠熠闪光,刺人眼目;高耸的宫门,由兵士们把守着,门禁森严,不准入内。

他又来到乌龙潭东面本属曹家的小仓山,那里景色雅致,有着苏州园林气概。它本是曹寅在世时监督工匠修造的。因抄家祸起,没入官府,后被继任织造隋赫德接管,称为“隋织造园”。未久,隋赫德也官场倒运,被撤职后,此园再易新主,由“性灵派”著名诗人袁枚于乾隆十三年(1748年)买了下来,遂改名为“随园”。

袁枚罢官闲居,自号“随园主人”。裕瑞在《东窗闲笔·〈后红楼梦〉书后》中说:

> 闻袁简斋家随园,前属隋家者,隋家有即曹家故地也。

明琳的堂兄明义也说过:

> 曹子曹雪芹出所撰《石头记》一部,备记风月繁华之盛,盖其先人为江宁织府,其所谓大观园者,即今随园故址。

曹雪芹的朋友明义曾亲到随园去访袁枚,他赠袁枚的诗中,甚至断言说:

> 随园故址即红楼。

袁枚在《随园诗话》中也就公开宣称：

> 所谓大观园者,即余之随园也。

当然,这些话未足全信。曹雪芹写《红楼梦》是文艺创作,大观园的构筑布局,是依据人物的身份、秉性和展开故事情节的需要设计的,不应是对某一处园林生硬照搬。说它曾是曹雪芹构思描绘大观园的生活依据之一尚可,断定"随园故址即红楼",那就未免过于武断了。不过,文人多好事,他们的这种说法,也算为后人留下了一段佳话。

曹雪芹回到江宁,还遍游了莫愁湖、玄武湖、雨花台、燕子矶这些名胜去处。一日,更租一小舟,游了秦淮河。看到两岸绿窗朱户,酒家林立,青楼画舫,传出筝箫之音。十里秦淮,还似当年的繁华。

秦淮河是达官贵人、巨贾富家的销金窟。他们纸醉金迷,尽情享乐,他们嗜饮嗜食的该有多少穷苦人的白骨和血泪啊! 特别是那些无辜的弱女子,受尽凌辱,强颜卖笑。秦淮河啊,你呜咽流淌着的,莫不是她们的冤魂?

第二日,他还特意去凭吊了明孝陵。钟山苍莽,云海翻涛,几多历史风云,回荡在曹雪芹胸中。他隐隐感到这大清朝局也会像这四时的天象一般,有朝一日必将有变! 他不敢也不愿想下去了……

曹雪芹这回南下,本是应人之聘,到两江总督尹继善那里做幕宾的。不过,寄人篱下的饭并不好吃。

这尹继善乃是雍正元年(1723年)进士,为人有才干,又性情宽和,不久便升任封疆要职,那时他才三十来岁。

有一次,雍正对他讲为官之道,叫他效法李卫、田文镜、鄂尔泰三人。这三人均是雍正最为赏识亲信的人,一时曾春风得意,炙手可热。尹继善却禀奏说:

> 李卫,臣学其勇,不学其粗。
> 田文镜,臣学其勤,不学其刻。
> 鄂尔泰,宜学处多,然臣不学其愎。

他以精辟、深刻的知人卓见,对这三位大臣褒中有贬,巧妙地进行了批评。这显示出他有胆有识的魄力和对应得体的辩才,连雍正也不得不点头称许。

像尹继善这样的人,在官场上虽难免"逆水行舟",但因为他为人处世机敏,一次次总能绕过险滩,所以还算官运平顺。雍正六年(1728年),授他内阁侍读学士,协理江南河务,不久即调任江苏巡抚。雍正九年(1731年),又升迁为两江总督。此后的近三十年间,他曾四次任两江总督,有时还兼管两淮盐政,颇有政声。

尹继善初到江宁,正好曹家刚被遣北返。他的总督衙署,就与曹家老宅相邻,他又兼着两淮盐政,等于做着和曹寅在世时一样的官。

他在江宁任上久了,日益察觉到曹家累代在江南的影响,特别是曹寅曾四次接驾,又在文化学术事业方面有过大的建树,内心里是很追慕"楝亭公"的。在这种心情之下，尹继善自然留意访询曹家的现状，特别是曹门子孙的下落。这便是曹雪芹这次得以被邀的因由。

一到江南，曹雪芹的才华立即受到尹继善的赏识倚重。曹雪芹能诗善文，琴、棋、书、画无不通晓，深得尹继善厚爱。

一天，扬州著名的肖像画家陆厚信来游江宁，被邀到尹府做客，见到了曹雪芹。曹雪芹与之纵论画道，曹雪芹的谈吐令陆厚信十分惊喜和倾慕。后来，陆厚信还为曹雪芹绘了一幅彩笔肖像画相赠，并在画端写了如下的题记：

> 曹雪芹先生洪才河泻，逸藻云翔。尹公望山时督两江，以通家之谊，罗致幕府，案牍之暇，诗酒庚和，铿锵隽永。余私忱钦慕，爱作小照，绘其风流儒雅之致，以志雪鸿之迹云尔。

这是曹雪芹确曾回到江宁去，有过入尹继善幕府一段经历的最为确切的记载。这幅画像，也是曹雪芹当年风采能够以写真留于后世的最早也最为传神的珍品。

曹雪芹才华出众，又恃才傲物，易为人知，也易为人妒。官场上逢人恭维、作揖那一套，他学不会，也看不惯。敦敏称赞他"可知野鹤在鸡群"，正是说明他的超众脱俗，倜傥不群。一个怀抱"野鹤""闲云"之心的人，自然是适应不了官场那样的环境的。

尹继善虽有爱才之心，而曹雪芹的高谈雄辩、放言无忌，未免时时会有所触忤，尹继善渐有不乐之意。

尹继善从他的正统观念出发,曾以长者口吻劝训过曹雪芹,希望能够导之于正。曹雪芹哪里肯听命于封建礼法那一套呢?两人就不可避免地产生了些矛盾,曹雪芹终被视为狂妄无状、忘恩负义。

道不同不相为谋,加之另外有些事情,曹雪芹决意离开尹府。还有一个更直接的原因,就是曹雪芹写的《石头记》不知怎么流传到了一个皇室贵族家里去,竟被乾隆皇帝知晓了。乾隆皇帝阅过后,斥之为"淫词邪说",要进行追查。

这件事恰恰与尹继善的女婿永璇有些关系。因这缘故,尹继善获得了龙颜震怒的消息。而著书人曹雪芹,现在就在他的幕府里,这可该如何处置呢?

尹继善本就不想留用曹雪芹了,借此让他赶紧离职,到别的地方去躲躲风声,以免多有株连,事情更不好收拾。

这一打击,表面看来好像有些突然,其实是曹雪芹意料中事,他背上叛逆、忤逆的恶名已非一日了。于是他连夜收拾行装,决意北返。

这回南游,谋事算是失败了。而趁此机会曹雪芹加深了解了一下南国社会风情,寻访了当年府内府外乃至织造作坊的一些旧人,获益还是很大的。

短暂的幕僚生活,使他有机会亲见了官场的种种腐败与虚伪,江宁的几个大家族的浮沉变迁,旧权贵们的没落飘零,新权贵们的得意扬扬,三十年前曹家被抄的一幕,一直在不断地重演着。这为他回去后进一步修改润饰《石头记》,完成后几十回书的写作,收集到许多珍贵素材。从这层意义上说,此行不虚。

　　给了他很大慰藉的一件事,是他寻访到当年江宁织造府里的"旧人"中,有一个曹雪芹少年时曾耳鬓厮磨的贴身丫头,如今沦落在秦淮市井之间,青春已逝,生活无着,孤苦飘零。

　　曹雪芹秉性里同情世间弱女子,见她如此情状,不免感叹唏嘘。这女子也念曹雪芹从未把她们这些女仆、丫鬟之辈当作下人看待的旧恩,内心里对这位虽已落难,但做人依然堂堂正正的曹公子,仍十分敬重。曹雪芹这次南下前,原配夫人已不幸病逝于西山荒村,唯留下一个男孩与曹雪芹相依为命。这真是"千里姻缘一线牵",男单女孤,两情相投。在朋友们的热心撮合下,曹雪芹便续娶夫人,偕她一道北归了。

　　为纪念这次秦淮遇故知的奇缘,曹雪芹从南曲《西厢记·佛殿奇逢》一折里"花前邂逅见芳卿"这一名句中抽取二字,给他这位新娘子取名为"芳卿"。

　　近年,在文物考古中新发现一对刻有"芳卿"之名,并有兰石题句的书箱,被认定为曹雪芹的遗物,从而认定曹雪芹南归再娶。书箱的正面刻着对称的两小丛幽兰,第一只书箱的兰花旁刻有一块石头,在兰石的上面还刻有一首诗《题芹溪处士句》:

　　　　并蒂花呈瑞,同心友谊真。
　　　　一拳顽石下,时得露华新。

　　"并蒂""同心",俱为新婚用语。"一拳顽石"又与曹雪芹的居处环境相吻合,曹雪芹平日也常以顽石自命。"露华新"自然是新婚宴尔,新娘子自喻之词了。

第二只书箱的开板上,刻有两行小字:

清香沁诗脾,花国第一芳。

这应是曹雪芹称赞芳卿的一语双关的情语。并有"乾隆二十五年岁在庚辰上巳"的题款,署明他们正式结婚的日期在这一年的三月初三。按传统习惯,这一日为修禊日。古时人们多在这一天到水滨出游宴集,求得吉祥。选择这一天结婚,那应该算是喜上加喜了。

这芳卿是一位心又灵手又巧的女中才子,精于工艺美术,能自编自绘多种织锦图样。这套本领,大约是她当年从织造局学来的吧!曹雪芹能写会画,又极工巧,如今娶到这么一位聪颖贤惠的妻子,内心的欣喜与满意,自不待言。

回到北京,曹雪芹便用这对书箱专门替芳卿存放图稿、锦样,视若家珍。他还在第二只书箱开板的背面,亲自用墨笔写下了五行楷书:

为芳卿编织纹样所拟诀语稿本
为芳卿所绘彩图稿本
芳卿自绘编锦纹样草图稿本之一
芳卿自绘编锦纹样草图稿本之二
芳卿自绘编锦纹样草图稿本

由上面的文字可知,曹雪芹曾帮妻子绘制彩图,编写口诀。这又与《废艺斋集稿》的内容相合。夫妻恩爱,贫贱相守,应该说是相当美满的。

第四章

生命的最后岁月

看破仕途不做官

　　乾隆皇帝生平有个志愿,就是凡事都要仿效祖父康熙皇帝。康熙皇帝曾经的六次南巡,成为空前的"盛典",数十年后还广为流传。因此,乾隆皇帝也要照办。

　　乾隆在乾隆二十二年(1757年)一月出发开始南巡,三月间,巡至江宁。江宁的行宫,就是当初的织造府——曹家的老宅。有趣的是,乾隆也学康熙皇帝那样去视察了织造机房。

　　到乾隆二十三年(1758年)的九月,两江总督尹继善题奏,说是天下太平,五谷丰登,官民都望幸,请于次年再举南巡。这回乾隆皇帝没有马上答应,说是再推一年。但到次年仍未实现,又推到乾隆二十五年。

　　曹雪芹在乾隆二十四年(1759年)的那回南下,正是因为江宁的尹继善又要经营接驾的大事,千头万绪忙得不可开交,而且上一次办理有欠妥之处,这次人们建议必须再请康熙年间经历过的内行人家来协助才好。于是,有人想到邀请"世袭数十年江宁织造"的后人、见过"大世面"的曹雪芹。可巧,当时曹雪芹刚刚成了贡生,有了一点儿"身份",于是促成了那次的南国之行,曹雪芹借此看了看家乡的变化。

　　这个时期,经过了康熙、雍正两朝数十年的积累,国力殷富。于是乾隆皇帝除了准备搞个庆典,还想搞些纪念活动:皇宫内苑

有一处建筑叫作紫光阁,把它重新修缮,要依照古代凌烟阁的故事,也把功臣的画像陈设在阁中。

可是,要给一百位文武功臣画像,而且四壁还要有巨幅的战场的景象。这样一来,便生出了一项十分重大的任务:须到各地去寻访技艺精湛的好画家。

于是,功臣之首,身为大学士,封为公爵的傅恒和他族内明字辈的人,便都想到曹雪芹身上来了。

曹雪芹自从江南走了一趟,他的诗才画艺之高,渐渐传于众口。恰好他回京来了,皇家的如意馆便马上搜访他的踪迹。人迹罕至的山村一带,不止一次有人来询问他的名姓和地址。

可是他住的地方十分荒僻,使得他们大费奔波之苦。连那儿的樱桃沟,也不得不去踏探了好几次。

曹雪芹在内务府的官学时,曾有机会看过紫光阁。他知道那是一个重要的场所,和武事关系密切,上三旗侍卫较射,取武进士,赐宴外藩的王公都在那儿。

紫光阁在西苑太液池旁。西苑就是紧对紫禁城西华门的皇家苑囿。曹雪芹记起,祖父诗集里有不少写西苑景色的诗,那时祖父常常半夜宿于西苑。

苑中有丰泽园,就是康熙皇帝种育御田胭脂米的地方。这米赐给曹、李两家,成为他们被雍正皇帝追查的一大案件,曹雪芹把此米写进了《红楼梦》。

丰泽园之西有春耦斋,是为皇帝学耕田而设的地方。由此斋循池之西岸往北走,就到了紫光阁。此阁建自明代,现又修葺一新了。傅恒府派的人终于找到了曹雪芹家。曹雪芹躲起来不接待他,烦一位老者替他看家待客。

来的这个人假谦恭而真倨傲地向老者说明了来意,口里称着"公爷"的美意,请曹二爷出山去宫里画像,画成之后,圣上是要赏给官职的,从此可以不再受这穷苦了。

那人头一次扑空了,第二次又来了。这回曹雪芹在家,接待他进来。听了再述来意和那套恩赐的话后,曹雪芹微微一笑说道:"我刚写了一幅字,您抄回去替我回禀公爷吧!"说毕取出一轴字幅,展开悬在墙上。看时,那字写得风流潇洒,上题一诗,道是:

> 捐躯报国恩,未报身犹在。
>
> 眼底物多情,君恩或可待。

来的那人看不懂,只得抄写回去。傅恒家的人看了,不禁雷霆大怒,说:"这个该杀头的,如此不识抬举,竟敢说出这种狂悖的话来!明儿绑了他来,让他尝尝刑部狱的味儿!"

后来脂砚斋等人知道了,无不替曹雪芹暗捏一把汗。大约有人说了好话:"他不来没这福分就算了,何必为这么一个下流人费手脚。"

因此,曹雪芹幸而没有遭到狂言招祸的大麻烦。而曹雪芹也错过了"人生中最大的一次当官"的机会,因为此时乾隆皇帝已不像雍正皇帝那样对待曹家后人了。

对于曹雪芹来讲,已经有了比较好的从政的政治环境了,如果他肯屈就,还是有光宗耀祖的机会的。只是曹雪芹已看清了

官场的黑暗和腐败,已经没有兴趣踏入仕途了,哪怕要过着穷困潦倒的生活。

三友人纵论"红楼"

在文学史上,有一天真是值得一记:曹雪芹和敦敏、敦诚兄弟,啸聚山村,纵论红楼,留下一段佳话。此事发生在曹雪芹回北京一年之后的乾隆二十六年(1761年)初秋。那时,敦敏、敦诚兄弟也已相继奉调回京。

大约是外地生活实在艰苦,敦诚回京后就病倒了,他哥哥敦敏前去看望时特意写了一首诗送他。在那首诗的结尾处,敦敏借题发挥地调侃道:

> 到处驰驱不得意,不如闭门静坐无事即神仙。

敦诚看后,开怀一笑,身子像是一下子轻松了不少,于是手指着诗稿建议道:"闭门静坐我看就免啦,咱俩还是抽空去看望一下芹圃如何?"

敦诚自上次给曹雪芹写了那一首"劝君莫叩富儿门"的劝告诗之后,心中一直很不安:自己作为宗室之后,可谓衣食无虞,因而向饥寒交迫中的曹雪芹提这样的要求,实在是有点儿于心不忍。

所以敦诚回京后总想找机会去香山看望一下曹雪芹，以示安慰。敦敏听罢弟弟的建议，当即以拳击桌，说："正合吾意。我看不如就趁这几天秋高气爽，走一趟香山。"

三天后，敦诚感觉自己的身体已经完全复原，便约了哥哥，同乘一辆骡车，出西直门，驶上了去香山的大道。那轿车由两匹高头大骡子拉着，车夫又是个老把式，一路"嘚嘚、驾驾"地走得颇为平稳。

车子一拐过万寿山，出现在眼前的便是与城里完全不同的另一种景象了：田野，疏落分布的农民茅屋，窜来窜去跑着的野狗……转过山脚又上青龙桥，透过车窗向外望去，那香山便已经在眼前了。这一带环境尚好，青山绿水，景色宜人，空气也觉清新。两人不觉都兴奋起来。

待找到曹雪芹的家，一眼望去那是怎样的几间破草房啊，蓬牖茅椽，又低又矮，门前野草丛生，满目凄凉。二人不觉一阵难过，面显凄然之色。

这是山脚下朝着东南方向的四间旧茅屋，一间独开一门是厨房，三间一明两暗：左边一间是曹雪芹和他从江宁带来的那位新妇一起住的，中间一间是他前妻所生的方儿住的，右边一间则用作书房了。

围绕这茅屋，有一圈以刺藤树扎成的篱笆，篱笆上爬满了开着小花的爬山虎，不远处又有几株蔓延的丝瓜藤，藤下挂着几个老丝瓜。

这天早晨，曹雪芹先是画了一幅水墨画，画面上是一光头圆脸的文人，正在抚松远眺。画的左下角，题了"燕市酒徒"四

个字,署名"梦阮",又加盖了两方闲章,这才将它钉到墙上。他先自己欣赏了一会儿,接着又埋下头去,专心整理起书稿来了。

从江宁回来之后,曹雪芹根据自己对曹家生活过的那一座"大行宫",也就是江宁织造署院的仔细考察,觉得自己原先在《石头记》中对荣、宁二府的描写,尚有很多很多地方需删改和增补。

许多东西,在动笔写之前是一种感觉,待写过一遍之后,再回过头去观察,感觉就完全不同了。实际存在的往往比头脑中想象的要丰富、扎实得多!

然而,兴冲冲地理过一遍稿子之后,曹雪芹又叹起气来。有好多稿子被借走后尚未还回来。因为借阅的人看着有意思,就又转借给他人看,这样借来借去往往要很长时间,有的则干脆就被丢失了。

"下回不管是谁,原稿是再也不能借出了!"

"但是来借看的人非亲即友,都是喜欢自己文字的人,也算半个知音吧,硬是不借怕也说不过去呢!"

曹雪芹正这么打着肚皮官司,就听篱笆外有人在叫:"芹圃,芹圃!"

他一听就知道来人是谁了,不禁喜出望外:"是敬亭呀!快请,快请!"

曹雪芹边说边跑出门去迎接,这才见来的不仅是敦诚,还有他哥哥敦敏。曹雪芹高兴得不禁张开双臂将他们兄弟二人紧紧搂住,久久不愿松手。

曹雪芹爽朗地高声大笑说:"今儿可真是贵人天降,怎么也想不到你们会来——难为你们怎么摸到这地方的?"

曹雪芹进门头一件事,便是吩咐妻子:"来了稀客,赶紧去打酒、切肉。这个……你还是再去王记酒铺,找王老板商量一下吧!"

妻子心领神会,苦笑着说:"知道啦,这还用得着你嘱咐呀!"

敦敏、敦诚兄弟立即就明白是怎么回事了,所以赶紧说:"唉,芹圃,我们来看你,却又害得你赊账,不好意思啊!还是别买肉了,就要点儿酒吧!"

"不,酒要,肉也要。今儿高兴啊,要一醉方休!"

进屋看时,倒也别有一番意致:小窗糊着雪白的新纸,颇为明亮。墙上挂的是一把直垂的三弦,一把斜着的宝剑,枣红的穗子显得十分潇洒。小桌上摆着笔砚,还有一些大大小小的碟子里面装着绘画用的颜料和两个水壶、笔洗。

这都不稀奇,稀奇的是桌上到处摆满了奇姿异态的石头,墙上贴着画的大石头,一个古装的人向着石头躬身施礼。

"芹圃,"敦诚抢先说话了,"您真不愧是石头下凡,满屋子都是石友呀!"

进书房坐定后,敦氏兄弟先看到挂在墙上的那一幅新作,说:"这是夫子自况图吧?"敦诚指着"燕市酒徒"四字题款问曹雪芹。曹雪芹笑着,未说什么。

"芹圃,卜宅三走了,你可知道?"

"他怎么走了?是回浙江吗?他不是想求个功名的吗?"

曹雪芹这一问,倒使书房内的空气霎时凝重起来。

"哪里。是卜宅三未能参加会试就死了,可叹啊!"这么一说,令曹雪芹也叹息起来。

对这位多年前宗学里的同学,曹雪芹还是很有好感的,尤其那一晚的中秋夜谈,更是记忆犹新。他不禁伤感地吟道:"唉.'两部蛙鸣新雨后,月明人立小桥头',此人已矣!"

敦敏大惊道:"啊呀,芹圃,你真好记性,这不正是卜宅三那个中秋夜畅谈时应你所请即兴写出的七律中的两句吗?"

敦诚觉得三人好不容易才得以一聚,这么伤感怎么行,于是就将话题一转:"老哥看你说的,他若记性不好,又怎能写得出那么几十万言的大著《石头记》来?"

说完也不待敦敏回答,又转问曹雪芹:"真的,芹圃,你的书何时才能写完? 我们可都等急了。"

曹雪芹向两位好友解释了个中原因:一是《石头记》如何结局,他还在认真斟酌;二是度日艰难,需投入精力张罗吃穿,因而既不能保证安坐书房,又影响心境情绪,致使写作进度不能很快……

老友相逢,都分外高兴,彼此谈思念,谈境况,更少不了谈曹雪芹的南行。

敦敏、敦诚问:"芹圃,你怎么就离了尹家呢?"

曹雪芹说:"唉,他家的先生,哪里是人当的? 你不记得富良的老子说过,'我雇的这些先生都太不好,等我花钱买一个,准比这个强'。给这种混账人家当先生的,还能是人? 简直是货了!"

屋里的几个人哄堂大笑。

"听说他们还给您加了罪款,下了逐客令,是吗? 这又是怎么回事,什么罪名?"

"什么罪名?那叫作有文无行。"

敦敏、敦诚大吃一惊:"这是怎么说?"

曹雪芹说:"还不是那两件:一是说我写小说讲故事,这不是当先生该做的。二是我见他们家待丫鬟们太狠毒,我想方设法搭救了两个,帮她们逃出了火坑。她们后来偏要来谢我,结果让主家知道了,就说我是安着邪心,勾引他家的使女!你说说,在这世界上,做点儿好事都是犯法的!"说毕,一声长叹。

大家默然。一会儿,敦诚说:"芹圃,我一想起你,就想起诗圣老杜给李白的那首诗,我只改两三个字,就赠给你,最是恰切了!你听:'不见曹君久,佯狂真可哀。世人皆欲杀,吾意独怜才。敏捷诗千首,飘零酒一杯。西山著书处,相约好归来。'你看如何?"

曹雪芹一声拍案,把酒震洒了,一面起身大笑,一面拉住敦诚的手说:"你改得好!真好!可我怎比得上李太白?当不起,当不起!"

敦敏忽见曹雪芹腰间系着一块古玉佩,形极古雅,光莹可爱,便说道:"芹二爷果然不愧是世家,穷到这个分儿上,还有这么少见的古玉挂在身上呢!"

曹雪芹笑道:"哪里哪里。我可难与城里那贵公子相比,穷得饭都吃不上,桌上一个大绿玉盘盛东西,那玉润得像一汪水。洗脸是一个乌乌涂涂的旧盆,沉甸甸地压手。有一天他的老丫鬟高起兴来,打磨了一下,吓了一跳——原来是个金的!我拿什么比人家?这玉是去年在江宁有人给的,他说受过先祖父的恩

德,无可为报,送给我做个念想儿的。"

敦敏、敦诚接着问:"江宁还有人记得你们吧?"

曹雪芹说:"我原先也不知道曹家这些人值几文钱,可一到江宁就传开了,几乎天天有人请我去吃酒,谈先祖时的事情。那真像说书一样!他们没想到还有我这个不成器的子孙后代,倒把我当了宝贝,轮流着请客。这样,我倒省了饭钱盘缠。声气大了,也引起了别人的猜忌……"

大家伙儿听入了神。三人沉默了一会儿,各自想着心事。半晌,敦敏才又关切地问:"芹圃,听说画院来邀过你,你何不应承下来?那里可是有一份不菲的薪俸可拿的啊!"

"事情是有的。皇家画院的人来找过我,说像我这样的画艺到画院去也是一把高手。"

"那你准备怎么办?"

"我当然是不会去的。"

"这又是为什么?"

"我当然有我自己的考虑。"

曹雪芹这么一回答,敦氏兄弟又不明白了。他觉得有必要向他俩做一番解释:"你们两位都知道唐朝画院里的那位供奉阎立本吧?阎立本的画技和文名在唐朝来说算是数一数二,享有很高地位的。可是一旦到了画院,那就得被人呼来喝去了。比如有一天,正当皇帝和一些达官贵人泛舟游赏时,那皇帝忽然来了兴致,像唤一只狗似的招呼阎立本道:'喂,你过来,速速将我们泛舟游园的情景画下来!'可怜那位大画家,立时羞得满脸通红,但在皇上的淫威下,不得不立即伏地描摹,研丹吮粉,直弄得一脖子的臭汗。你们两位想想，我，曹雪芹，顶天立地的一个汉子，能去干这个事吗？"

敦诚说："芹圃，你说得对！哥哥主要是考虑你的生活境遇，所以很希望你能应召。但我认为，你这个人，就如一艘不系的小舟，是不能将你关在船坞里不动的。所以还是我以前写诗劝你的那句话：'劝君莫叩富儿门'。与其被人呼来喝去，'不如著书黄叶村'。"

敦敏听罢他们两人的话，知道曹雪芹的主意已定，于是又将话题引到了《石头记》这部书稿上："近来读《石头记》的人可不再是一些熟识的朋友啦！有好多人读过之后都说，这部书是芹圃老兄用来寄托自己身世感慨的。但也有人说……"

"说什么？"

"说你这种书还是不看的好，说不定那里面有什么关碍的话，将来会有麻烦。"

听敦敏这么一说，曹雪芹马上想起了以前从江宁潜回北京的遭遇。怎么，这件事已经传播开来了？这倒是要格外注意的。因而他辩白道："其实，我老早就在书里声明过：我的书不敢干涉朝廷。有些人没看过我的书就这么胡乱猜想，实在是无聊透顶。"

"那么，我说你是在用《石头记》抒发个人的身世感慨，这没错吧？"

"这倒是有一点儿的。例如书中借几个人物之口说到几次接驾，银子花得像淌水似的，的确是我们曹家上一辈的事。但是若说这本书里写的完全是我们曹家的事，那就未免迂阔了。比如书中写到贾家许多秽事，难道我曹雪芹发疯了不成，把自己家

的丑事公诸天下,把我的一些长辈都丑化一遍?不会的嘛!我只不过是将一些耳闻目睹的很多大族人家兴衰的事,多方收集再加以渲染,然后精心编缀成一个比较完整的故事而已。"

"那宝玉呢,是否确有其人?"敦诚又问。

"宝玉嘛,应该说是我虚构的一个人物。不信你倒仔细排看,你们跟宗室里的那些贵族子弟接触多,差不多都认识,那些有着三妻四妾的公子哥儿,有哪一个配做他的模子的?他真的只是我的想象,也是我的一个理想。人们猜想可能是某某人,都是不对的。是不是我自己?也不是的。但是我喜欢他,当写到他的一些反叛行为,写到他所说的那一些狂悖言语的时候,我心里就觉得非常痛快,就像他代我说出了胸中的郁闷一样。因此,我只要一写到他,就停不下来,饭也不想吃,觉也不想睡。在宗学当差时,晚上你们都回家了,剩我一个,一灯如豆,常常会写到东方露白,才扔掉笔呵呵手,爬上床小睡一会儿。也有时写到深夜,出门走到那棵老槐树下透一口气。那夜晚啊,但见一勾弯月,欲隐西山,满天星斗,万籁俱寂。这时我会想到,我曹雪芹,在这茫茫天宇中,也就能留下这一部书稿啦!"

敦诚显然对曹雪芹的这一番话很感兴趣。他接着说:"这么说来,芹圃,你对世事的确是看得十分超然了。怪不得你绝不去应那画苑之召,而一心一意写你的《石头记》了,是不是?"

"敬亭,今天我当着你们哥俩的面,算是把话说透了:其一,我确实是不想再去当什么官差了;其二,我对世事,倒是并不超然的。如果真像佛家那样,一切看透,那我还写《石头记》做什么?不过,时已近午,咱们也别再超然了,还是喝酒要紧,是不是?"

敦敏、敦诚兄弟闻后哈哈大笑，一边起立一边说："芹圃，几年不见，你还是未改诗人本性。那么，就恭敬不如从命。新嫂子可能也已将酒菜准备齐了，我们俩可是头一次品尝她的厨艺哩！"

敦敏、敦诚兄弟早觉饿了，芳卿下厨做饭，不一会儿便端了几样酒菜上来。曹雪芹太兴奋，酒也比平常加倍地痛饮起来，兴致高极了。

后来有些醉了，那狂放之形、惊人之语更与往日不同。大家担心他酒喝得过量了，劝住了他，让他到内屋去卧憩，他不肯。这一席酒，果然喝得痛快，三人都略有醉意。敦敏、敦诚各自写了诗送给曹雪芹，以表示对曹雪芹的同情和慰问。

敦敏的诗题作《赠芹圃》：

> 碧水青山曲径遐，薜萝门巷足烟霞。
>
> 寻诗人去留僧壁，卖画钱来付酒家。
>
> 燕市狂歌悲遇合，秦淮残梦忆繁华。
>
> 新愁旧恨知多少，都付酕醄醉眼斜。

这诗的前两句，描写的是曹雪芹居住的环境。三四句，写曹雪芹的行踪和生活的苦况。五六句，道出曹雪芹一生的坎坷遭遇，燕市哭歌徒增悲，南国寻梦梦成空。尾联二句，则点出他在"新仇旧恨"的熬煎中，依然保持着像阮籍那样疾恶如仇的高洁人格。

敦诚的诗题为《赠曹雪芹》：

满径蓬蒿老不华，举家食粥酒常赊。

衡门僻巷愁今雨，废馆颓楼梦酒家。

司业青钱留客醉，步兵白眼向人斜。

何人肯与猪肝食，日望西山餐暮霞。

诗的内容，与敦敏那首大致一样。不过，敦诚诗里对曹雪芹贫居山村的苦况，做了更为真切的描摹。"举家食粥酒常赊"，那该是怎样的艰难！"日望西山餐暮霞"，夕阳残照，晚霞满天，景色是够美好的，然而，暮霞又怎可疗饥呢？自然景色再美好，也饱不了肚皮，那恐怕意味着，有时竟至到了断炊的境地了吧？

"司业青钱"说的是唐代苏司业借钱给郑虔买酒的故事。杜甫有句：

赖有苏司业，时时乞酒钱。

"猪肝食"则是用了后汉闵仲叔的典故。据《后汉书》卷五十三记载：闵仲叔住在山西安邑地方，是个很有气节的人。因年老家贫，无钱买肉，只能每天买猪肝一片。店主嫌麻烦，不肯卖给他。这事被安邑县的县官知道后，便指令县吏照顾他。但闵仲叔不愿为生活琐事而牵累别人，竟离开安邑，迁居异乡。

这两首诗，以豪言壮语写辛酸情状，益增其悲悯之感，反映出曹雪芹晚年的穷愁潦倒，也再现了他穷不馁志、孤高不屈的嶙峋风骨。

"好诗！"曹雪芹大声叫好，"尤其是'步兵白眼向人斜'这句，最为精彩。对这个社会,我们真得学学竹林七贤中的阮籍,要施与白眼,斜看人生了……"

话未说完,却见妻子和敦敏走进书房,妻子对曹雪芹说:"你看,大敦叔叔又为方儿留下这么多银子!"

曹雪芹不禁一阵脸红,他不好意思地搓着手,说:"唉,看你们兄弟俩总是这样,叫我怎好意思啊!"

敦敏、敦诚又说了几句宽慰的话,并再三邀请他们全家进城做客,说毕便登上来时的马车,往回走了。

这年冬天,敦敏曾又一次来访,不巧曹雪芹外出,没有见到,留下一首绝句《访曹雪芹不值》:

> 野浦冻云深,柴扉晚烟薄。
> 山村不见人,夕阳寒欲落。

冻云晚烟,一派萧索凄凉景象。曹雪芹悲惨的身世、落寞的晚境,岂不正像这沉沉欲落的夕阳吗? 敦敏触景生情,不禁吟出这样的悲歌,怅然而归。

难明身份的"脂砚斋"

在曹雪芹穷困潦倒的下半生中,除了有敦敏、敦诚兄弟以及张宜泉等一些知心朋友之外,更有一位至今仍蒙着神秘"面纱"

的人常伴左右。不仅给了曹雪芹巨大的鼓励与安慰,更给了他相当多的实质性的帮助。

在曹雪芹创作《红楼梦》的日子里,有一位署名"脂砚斋"的支持者,为他做出了特殊的奉献。

可惜的是,我们至今也不知道这位帮过曹雪芹大忙的知心朋友姓甚名谁。除了留下的一个别号"脂砚斋",其他就什么都不知道了。甚至是男是女都不能肯定。

但是,通过仔细阅读《红楼梦》,我们还是实实在在地感觉到了她(他)的存在,以及她(他)为《红楼梦》、为曹雪芹所做的一切。

只是由于历史的局限,她(他)不便像当代人那么张扬。她(他)将自己紧紧地包裹起来,尽量不露出真实的形态。她(他)愿意为《红楼梦》这部长篇小说奉献一切,默默地、无怨无悔地工作着,直至曹雪芹告别人世之后,她(他)还在为《红楼梦》忙碌。

尽管她(他)埋藏得很深,但后人还是从《红楼梦》的第二十六回,找到了一些"蛛丝马迹"——因为她(他)在批语中留下了这样的一段话:

······回思将余比作钗、颦等一知己,余何幸也!一笑。

这是脂砚斋的一段自言自语,但话说得再明白不过了,就是:回想有人将我比作钗、颦等人的一个知己,我怎有如此的幸运呢!

如果脂砚斋不是女性,又有谁会将她比作书中的那些女性人物的知己?如果她不是女性,而且又不是特别喜欢小说中那些女性人物的女读者,她又怎么会说出"余何幸也"这样的话来呢?

后面的"一笑"两字,也很有意思:我写这批语,只是开个玩笑而已,并不是因为有人将我比作钗、颦等人的知己,我就高兴得不知东南西北了。这也流露出作为一个女性读者的细腻和周到。

还有,同是在那一回书中,写到贾宝玉逗林黛玉,宝二爷用了一句戏剧台词:

> "若共你多情小姐同鸳帐,怎舍得叠被铺床?"
>
> 林黛玉登时撂下脸来,说道:"二哥哥,你说什么?"
>
> 宝玉笑道:"我何尝说什么?"
>
> 黛玉便哭道:"如今新兴的,外头听了村话来,也说给我听,看了混账书,也来拿我取笑。我成了替爷们儿解闷的!"

且不说宝、黛两人怎么打这场嘴皮官司,单说脂砚斋在这段文字的旁边写下了四字批语:

> 我也要恼。

这就很清楚地表明了,作为一个女性读者的脂砚斋,她是完全站在林黛玉的立场看待这一场口角的,就好比是说:贾宝玉向林黛玉说这种非礼的话,要换成我是林黛玉的话,也一定会被他气哭的!

脂砚斋这位伟大的女性,对处于孤独寂寞中的曹雪芹而言,无疑是一抹温暖的阳光。更确切地说,她不光带给曹雪芹温暖和安慰,而且还全程参与了《红楼梦》的创作,是一位完全抛却了个人功利,支持、鼓舞曹雪芹的合作者。

她所做的工作,包括修删情节、整理书稿、誊抄文字甚至补写逸文。特别是她所做的批语,对后人了解曹雪芹和《红楼梦》,可说是留下了非常宝贵的资料。

首先,是她帮曹雪芹选择、确定了这部长篇小说的名字。我们读《红楼梦》第一回,可以知道这部小说的名字曾有过《石头记》《情僧录》《红楼梦》《风月宝鉴》《金陵十二钗》等好几个。

在介绍过那些题目的来龙去脉之后,曹雪芹写道:

至脂砚斋甲戌抄阅再评,仍用《石头记》。

这是结论性的一句话,由此可知曹雪芹当时是完全按脂砚斋的意见做的。

在创作、修改《红楼梦》的过程中,脂砚斋常常根据自己对作品的深刻理解,建议曹雪芹对一些情节做必要的修删。

这种例子很多,最典型的一处是在《红楼梦》的第十三回。这一回书,曹雪芹原稿中有"秦可卿淫丧天香楼"一节,脂砚斋认为这种据实描写不妥。她在批语中说:

……因命芹溪删去天香楼一节,少却四五页也。

曹雪芹完全尊重了她的意见,所以我们现在所读的《红楼梦》,第十三回回题就变成了:

秦可卿死封龙禁尉,王熙凤协理宁国府

关于秦可卿如何"淫丧"的过程和细节描写通通删去不见了;或者说,原先的直露描写变成了现在的隐笔暗写,作品的格调就大大提升了。

我们要注意"脂评"中的"命"字:

因命芹溪删去……

她怎么能用这样的口气说话呢?

在我们现在的语境习惯中,好像只有领导对下属、老师对学生,才能用命令的口气说话。两百多年前,那时的等级和上下尊卑应该更加分明,脂砚斋怎么会用"因命芹溪删去……"这样的语气来说这件事呢?

合理的解释只有一个,那就是他们确实是合作多年的知心朋友,所以才敢用"因命芹溪……"这样的多少带着点儿玩笑成分的口气说事,让后人读时感觉到更真实、更可亲。

关于这一点,我们只要在读《红楼梦》的同时读读她所作的"脂评",就一定会留下更加深刻的印象。比如第六回"脂评":

……借刘姬入阿凤文,送官花写金玉初聚为引,作者

真笔似游龙,变幻难测,非细究至再三再四不记数,哪能领
会也?

第十一回"脂评":

……幻情里有乖情,而乖情初写偏不乖。真是慧心
神手。

第五十七回"脂评":

写宝钗、岫烟相叙一段,真有英雄失路之悲,真有知己
相逢之乐。时方午夜,灯影幢幢,读书至此,掩卷出户,见星
月依稀,寒风微起,默立阶除良久。

第七十四回"脂评":

……文气如黄河出昆仑,横流数万里,九曲至龙门,
又有孟门吕梁峡束不得入海,是何等奇险怪特文采,令我
拜服。

"慧心神手""不负大家后裔""圣手神文""令我拜服"等语,
可谓写尽了她对曹雪芹的理解与崇拜。尤其是"默立阶除良久"
这一段,那种被曹雪芹小说所深深打动的描述,我们今天的读者
即使未读《红楼梦》,单单读她的这一段评语,心弦就已经被拨动

了。正是抱着这种既崇敬又亲近的态度,脂砚斋与曹雪芹相依相伴,不厌其烦地为他做着许多拾遗补阙的工作。一字字地校对、修补、删改,这种工作既琐碎,似乎又对全书无关宏旨。但如果不做,任其缺失,虽是"白璧微瑕",那也毕竟是留下了瑕疵,会令后人遗憾的。

第二十六回《蜂腰桥设言传密意,潇湘馆春困发幽情》,文末"脂评"记:

> 狱神庙回有茜雪红玉一大回文字,惜迷失无稿,叹叹……前回倪二、紫英、湘莲、玉菡四样侠文,皆得传真写照之笔,惜卫若兰射圃文字迷失无稿,叹叹。

说明《石头记》这部小说在当时就有很多人借阅,致使文稿在流转过程中常常有章节缺失的情况发生,时时要令脂砚斋发出连连的叹息。

当然,脂砚斋有时不仅是叹息,不仅是代为补写一些零星的缺失文字,几乎是整回地代写了。如据研究者考证,《红楼梦》庚辰(1760 年)本第七册自第六十一回至七十回,实共十回书,却缺了第六十四、六十七回,待到较晚的本子,这两回书就补全了。是曹雪芹自己动手补全的吗? 不是,因为那里面有许多破绽,被定为伪作。而从这伪作的年代和质量来说,只可能是出于脂砚斋之手了。

最重要的,是脂砚斋为这部《红楼梦》写了"凡例",并将之放在整部书的卷首。这就有点儿像当代人为一些重要的著作所

作的"导读"了。

这篇导读可是写得太好啦！特别是文中所题的那一首总诗，其最后两句"字字看来皆是血，十年辛苦不寻常"，可谓道尽了曹雪芹写作《红楼梦》的全部心血，非常有助于我们深入地了解作者曹雪芹写作此书时的苦心孤诣和惨淡经营。

当初在曹雪芹离京南下的这一载有余的时光里，脂砚斋是最想念他的人了。她受曹雪芹重托，在二人不能相聚时，为书稿多下功夫收拾整顿。

脂砚斋果然不负所托，到乾隆二十五年（1760年）秋日，已经编整出一部四次评阅的本子；内中仍有短缺文字之处，补齐等待曹雪芹回来。

曹雪芹在江南空闲时，又写出了不少章回。脂砚斋日夜盼望着曹雪芹的归来。这天曹雪芹托人捎回来一个包裹。这个包裹不是财物，而是一大摞新的书稿！脂砚斋十分兴奋，细细地阅读起来。从脂砚斋的批语来推断，她与曹雪芹并不是能经常聚的。

她的批书是在与曹雪芹不能会面时做的，那隔离着的情况，从批语口气中有明显的透露。这当然可能是因为曹雪芹出外南行了。

但是这里面还有别的缘故，两人是被迫分开的。这也许是由于生计上的问题而不得不另作安排。也有可能是被迫而暂避，因为他们二人的重会在当时舆论的目光里是不合法的，是不光彩的事情，有人施加了压力，逼他们分开。敦敏、敦诚兄弟的诗所说的"燕市哭歌悲遇合"，包含着这种难言的悲剧性故事。

脂砚斋，一位封建时代的不平凡的知识女性。曹雪芹有这样的一位知音长期相伴、相帮，真是三生有幸了。

近邻好友鄂比

从南方归来，有了芳卿这样一位贤惠能干而又富有才情的新妇相伴，对又一次受了刺激的曹雪芹来说，实在是一种很大的精神安慰。二人相敬如宾，相濡以沫，苦日子中自有一丝甜蜜和乐趣。

前妻留下的方儿，已经长到八九岁了，聪明乖巧，活泼可爱，也肯听话，曹雪芹很是爱怜。这是曹雪芹唯一的骨血，也是他精神的唯一寄托和希望所在。

坐吃山空，生计是越加艰难了。当年初回北方时，虽说被抄家近于扫地出门，但终究随身还有一些携带。特别是祖父遗留下来的部分书籍、字画、古玩，从抄家余劫后散失遗落的弃物里挑拣了一些带在身边，仍不失为传家的宝物。可是，因为日子过得惨淡，曹雪芹已经陆陆续续拿到琉璃厂海王邨旧书肆或古玩店卖掉了。

现今手头上还珍藏着一套《全唐诗》。那是祖父曹寅在江宁织造任上监刻的保留精印本，是精选的开花纸印的，高丽纸做的磁青皮，细锦包角，精纹织锦的函套，每本都盖有曹寅的藏书图章。这是祖父奉旨给康熙皇帝监制时，特为精印、精装的几部中

自己留下的一部。祖父最为喜欢和推崇唐人的诗,曹雪芹受其影响,从少年时期起也嗜读如命,几乎天天都要展卷诵读,爱不释手。

"二少爷,您把这书用包袱包起来做什么?"芳卿见曹雪芹把《全唐诗》不再放回书箱,而是用一张外出时包裹衣物的白包袱皮,把书通通兜在里面,便不解地问。芳卿平日说话,仍沿袭三十多年前在南方的惯用语,称呼曹雪芹"二少爷"。

"唉,粮食一点儿没有了。一家三张嘴,吃饭要紧啊!再说,方儿太小,又瘦弱多病,小孩子家怕是熬不住的。"

"不,不,就是把我卖了,你也不能拿太老爷这套书去卖掉。要卖,就先把我从南方带来的那几副锦样卖出去,换几个钱,先贴补着用。"

"那怎么成!你那几副锦样,都是绝品,怎么舍得轻易就舍弃呢?"

"不妨事的,反正图案我都已经描画下来了,也不可惜。"

曹雪芹终于拗不过芳卿的一片诚心,这一次还是先把芳卿带过来的几片锦样拿去卖掉了,仅换回来三四两散碎银子。曹雪芹从集市上买回些粮食勉强度日。芳卿知道曹雪芹嗜酒,就又去到村头上酒店里,给曹雪芹打回一瓶老酒来。

"满纸荒唐言,一把辛酸泪。都云作者痴,谁解其中味?"曹雪芹决心抓紧时间,把《石头记》后三十回写下来。这回南行收获不小,亲眼见到的人事沧桑,有意访问过的亲朋故旧,都给了他许多新的感受,激发他进行新的思考。

故事的结局更明晰了,他意识到宝玉到最后只有一条路可走：出家做和尚。这世道太黑暗，太不公平了，遁入空门，或许是他最后的抗争！

不顾一切地趴在炕沿上拼命地写作。白天时间不够用，晚上在一豆灯光下，奋笔疾书。往往是写一阵，停下笔来叹息一回。有时候写到伤心动情的地方，他竟会如小孩子般放声"呜呜"痛哭起来，惊动得芳卿赶紧过去安慰他，用手帕为他拭擦眼泪。

偶尔出门去，曹雪芹也总是将纸笔卷藏在腰间。当时人们大多穿长袍，纸笔揣在怀里，外边一点儿显露不出来。在外边与人交谈，听到别人讲话中有用得上的话，或者见到眼前有特点的一景一物，他便即刻解开包袱，借着一块石头，或一个树墩子，铺开纸，蘸饱墨，提笔就写起来。有时甚至痴痴地和石头说起话来。

据说有一次，他跟人在茶馆里聊天，说着说着突然站起身，拔腿就往家里跑。有人好奇，紧跟他身后去看，等赶到曹家看见他已经趴在炕沿上写他的书了。不了解他癖性的人说他痴，甚至说他大概是犯了疯病。了解他的人，都佩服他处处留心好学，有股子毅力。在如此坎坷的境遇下，一般人恐怕早打退堂鼓不愿写书了。有人不解，曹雪芹饭都吃不上了，还写哪门子书啊！曹雪芹却把写作《石头记》当成了自己的生命。

俗话说："远亲不如近邻。"曹雪芹晚年在山村的贫居生活，多亏了有一个好乡邻，那就是外号鄂三的鄂比先生。

鄂比是旗人，属镶白旗。据说他的先祖在外做过官，不知道犯了什么罪，被拔旗归营，回来居住。他姓鄂卓尔，又自称鄂苏拉氏。鄂苏拉氏系满语，意思是大白丁儿。

他这么自称，实际包含着对社会的不满与牢骚。他粗通文

字,能写善画。这鄂比为人爽直,见义勇为,肯于急人之难,打抱不平,生就了一副傲骨。又生性幽默,爱开玩笑,时常闹点儿恶作剧,招人喜欢。如今在香山一带,关于他的传闻还有不少。

他家住在正白旗村北上坡下面,距曹雪芹住处不远。他听说曹雪芹能诗善画,为人正直豁达,心里十分倾慕。在日常交往接触中,两人秉性相投,很谈得来,天长日久,便成了推心置腹的好朋友。

有一年的除夕,他赠给曹雪芹一副对联,内容是:

> 远富近贫,以礼相交天下少。
> 疏亲慢友,因财绝义世间多。

他们二人有许多相同爱好:画画儿、吟诗、喝酒。鄂比没有曹雪芹画得那么好。曹雪芹的画高雅洒脱,鄂比画得比较粗俗一些。但鄂比泼墨大胆,有时粗俗中也能透出些侠骨胆气。关于画画,他们有下面这样一个故事:

有一年,香山小府村张家大财主,外号"张瘤子",聘请鄂比去给他家新起的宅院画影壁。这张家开设酱菜厂发了大财。一次乾隆皇帝游香山,吃到了张家酱菜厂的酱菜,夸说味道好,甜脆适口,色味俱佳,随即御赐"天义"二字。从此,张记"天义酱菜"出了名,成了皇宫贡奉。

鄂比心里想:"你张财主别蹬鼻子上脸,不过有了几个臭钱,我偏不待候你们这种比酱菜还黑的黑心人!"

这事让曹雪芹知道了,便劝鄂比说:"鄂三爷,干吗不去呢?画笔在咱手里,听咱使唤,正可以借这机会恶心恶心他!"两人如此这般,商量出了一个好主意,鄂比满心欢喜地应聘去了。

鄂比来到张家,张财主好酒好菜款待他。只两天时间,一幅丈二影壁就画完了。大家一看,画的是一幅青面獠牙的小鬼推磨图。

张财主先是不悦,新宅院里画个鬼,怪不吉祥的。后来转念一想,自己腰缠万贯,就是"有钱能使鬼推磨"!让穷小子们看看,今后谁敢不听我使唤!

张财主正待高兴夸耀一番,没想到鄂比开了腔:"俗话讲'有钱能使鬼推磨',可我画的小鬼,偏偏不给张家老爷推磨!不信,瞪大眼睛再仔细瞧瞧!"

大伙儿仔细一瞧才明白,这个小鬼只有一条腿,那神态好像画的就是"瘸腿张"。张财主明白过来,气得脸色焦黄,差点儿晕过去。他金鸡独立的那条腿一哆嗦,一跤摔了个大马趴,栽倒在地上。

嗜酒狂饮,更是鄂比和曹雪芹的共同爱好。关于嗜酒如狂,他们有下面这样一个故事:

曹雪芹从南边回来后,生活境况更不如前,有时候连举家食粥都做不到了,哪还有钱去打酒!但是酒痛难熬,两人还是经常到附近的小酒店里赊欠喝两盅儿。

一天,二人又来到小酒店喝酒,可两个人口袋里分文皆无。酒店主人犹豫了一下,使了个眼色让伙计端上来了一碗酒。掌柜的本是想借此怠慢他们,不想鄂比和曹雪芹一递一敬,你一口,我一口,喝得蛮开心。喝干一碗,又要一碗,一气儿喝了五大碗。

酒喝完了,曹雪芹说:"掌柜的,先记上账吧!"掌柜先是一愣,然后说:"曹二爷的前账还没清哩!"意思是这次不能赊欠了。

已经半醉的鄂比二话没说,解下曹雪芹系在腰间的白包袱皮,取出纸笔,当场挥笔画了几枝青竹。曹雪芹接过笔,又抹了几块嶙峋怪石,然后交给掌柜的,说了声"咱们明儿见",便拉着鄂比扬长而去。

过了两天,二人从这小酒店门口经过,掌柜眉飞色舞地迎了出来,说:"二爷,您跟鄂三爷画的那张竹石图,有人给十两银子,我给出手了!银子都在这儿呢。"

曹雪芹扬扬手,一笑说:"一两银子还酒账,剩下的先存在你柜上吧!"

这一故事或许不无夸张,但曹雪芹用卖画钱来付酒账,却是千真万确的。鄂比仰慕曹雪芹的学问与为人,跟着曹雪芹学书法、绘画。鄂比赠曹雪芹的那副对联,真迹犹存,予人以悠悠遐思。

曹雪芹晚年贫病交加,鄂比对贫病中的曹雪芹给过许多照料,闲暇时还替曹雪芹抄写整理过书稿。他们的一段真挚友情,确实是十分珍贵的。

槐园酒馆叙旧情

乾隆二十七年(1762年)秋天,曹雪芹冒雨从山村踽踽独行,一大早就赶到了敦敏的居处槐园。

槐园在宣武门内太平湖畔。淅淅秋雨中敦敏的家门紧闭着,大约还没有起床。曹雪芹就在槐园门前廊下暂且避雨,为了驱寒不时来回走动着。

正在这时,忽见一人远远走来,腰间挂着佩刀。因来人披着蓑衣,戴着斗笠,走近才看清竟然是敦敏的弟弟敦诚。

敦诚万万也没想到有这种巧事,一个劲儿地说:"奇了奇了,天下竟有这等巧事!我平常也不怎么到哥哥的府上来,即使来,也不会是这么早,更不会这种天气来。这次是感到心情不好,才来找哥哥叙叙的。"

见到曹雪芹,敦诚分外高兴。他见曹雪芹衣衫单薄,一大早走这么远的路,必定早已酒渴如狂了,便拉着曹雪芹就近走入一家小酒馆,要了酒菜,二人对饮起来。

曹雪芹告诉敦诚,他的《石头记》后三十回,就要写毕封笔了。家境艰难,儿子方儿身子不大好,一直瘦弱多病。不过,举家食粥也过得习惯了,困苦压不倒人。

敦诚见他还如以往一样豁达乐观,也就放心了。

待他们酒足饭饱,准备离席而去时,只听敦诚轻轻喊了一声:

"糟糕,一早儿出来,竟忘记带钱了!"曹雪芹下意识地掏了掏兜儿,囊中空空。他早已一文不名了。正在二人情急游移之际,敦诚"叭"一下取下佩刀,递给酒保说:"暂做抵押,回头取钱来赎。"

曹雪芹为朋友的豪爽感动,兴之所至,即时做了一首长歌,谢敦诚"解佩刀沽酒而饮之"的至诚。可惜这首长歌已不复存在。只有敦诚写的《佩刀质酒歌》一首,收存在他的《四松堂集》里,记下了这次富有戏剧性的豪饮。诗首小序云:

> 秋晓,遇曹雪芹于槐园,风雨淋涔,朝寒袭袂。时主人未出,曹雪芹酒渴如狂。余因解佩刀沽酒而饮之,曹雪芹欢甚,作长歌以谢余,余也作此答之。

敦诚的《佩刀质酒歌》也是一首长诗,叙写了他们相聚相饮的欢快情怀,结末有这样数句:

> 曹子大笑称快哉,击石作歌声琅琅。
> 知君诗胆昔如铁,堪与刀颖交寒光。
> 我有古剑尚在匣,一条秋水苍波凉。
> 君才抑塞倘欲拔,不妨斫地歌王郎。

曹雪芹杯酒下肚,胆气逼人,朗声大笑,击石作歌。这种旁若无人、雄视千古的豪迈气概,正是英雄本色。敦诚为他敢笑敢骂而高歌,也为他生不逢时,"君才抑塞"而不平。

不期然,这一次槐园与敦敏、敦诚兄弟的相聚,竟成了他们的永诀。

痘疹流行子先殇

曹雪芹在北京西郊的小山村里一住十年,生活困顿自不必说,有时甚至还要受官兵的气,日子过得非常艰难。

幸亏《红楼梦》的初稿是早已完成了的,现在所要做的主要是一些增删修补和进一步完善的工作。否则,曹雪芹一边要为生活奔忙,一边又要静下心来撰写长篇小说,实在是有点儿勉为其难了。

更何况,由于长期的生活困顿,又常常熬夜写作,曹雪芹的身体是一年不如一年,眼看着慢慢地就垮下来了。偏偏流年不利,北方地区连着两年雨涝,到处闹洪水灾害。天灾加上人祸,真弄得有点儿民不聊生了。

进入乾隆二十八年(1763年),老天像是有意与人作对,正好与往年反了个个儿,这回像是再也无雨可下了。一开春便是大旱,春播春插都进行不了!

俗话说"种瓜得瓜,种豆得豆",不种不是什么都得不着吗?这下子,连皇帝也急啦!但那时又没有人工降雨的科学办法,唯一的举措就是向天祷雨。这是一种封建迷信的求雨方式,雨是人能叫得来的吗?

另外,就如敦诚诗中所记载的情景:

蠲诏无虚辰,常平百万石,度支千万缗。

拿出国库中的那么多钱干什么呢？开粥厂赈济灾民。但真正能到老百姓腹中的东西又能有多少，倒是给贪官污吏带来了一个中饱私囊的好机会。总之，物价飞涨，粮米变成了珍珠宝贝，老百姓的日子真是苦得没法过了。

清朝有位名叫蒋士铨的诗人，他在一首诗中写道：

是时饥民去乡邑，十室已见八九局。

这是说那时候的饥民背井离乡，十户人家有八九家关门落锁去外地逃荒要饭去了。

这种年景，对本来就处在困境中的曹雪芹来说，无疑是雪上加霜，生活艰难不说，他的心情也更恶劣了。这两者合在一起，就使他原来就垮掉了的身体更加衰弱，精神也日渐委顿了。

由于生活的困苦，本来就虚弱多病的方儿，瘦得更不成样子，简直成了芦柴棒模样了。曹雪芹和芳卿心里都很酸楚，觉着这么小的孩子受这么大的折磨怪不落忍的。殊不料，"屋漏又遭连阴雨，船破偏遇顶头风"。这是在历史上也有明文记载的事实：这一年的春夏之交，京城开始流传痘疹，因当时尚无科学防治办法，因此酿成惨祸。

在接种牛痘之法引进之前，出痘几乎成了人生的一个大关！不仅是小孩，即使成人一被传染几乎就是死路一条。也不仅是普通百姓，即使王公贵族乃至皇帝王妃也难逃厄运。比如，传说中去五台山出家的顺治皇帝，便是出痘死的。

那时候,蒙古王公要想进京觐见皇上,是必须随身携带健康证明的,就是要证明是不是已经出过痘了。只有出过痘的熟身才能进京,未出过痘的生身因为怕传染是不许进京的!

也许是因为连年灾荒,人的抵抗力减弱,所以出痘之事虽然年年都有,唯独这一年,也就是乾隆二十八年(1763年)来得特别凶猛,从而酿成一场空前的大惨剧。

从三月至十月,有九个城门的北京内城,出痘少儿有一万七千多个。郊区因出痘而死的人更是不计其数,十户人家的幼儿能活着的也就一两个!

敦诚的记载更直观、具体。他写道:

> 燕中痘疹流疫,小儿殄此者几半城,棺盛帛裹,肩者负者,奔走道左无虚日。
>
> …… ……
>
> 初阿卓患痘,余往视之,途次见负稚子小棺者奔走如织,即恶之。

路上背着小棺材的人奔走如织,疫病肆虐的情形的确是非常严重了!坏消息不断地传到曹雪芹的耳中,先是其挚友敦家,一门就死了好几个人,"阿卓先,妹次之,侄女继之""一门内如汝姑、汝叔、汝姐、汝兄,相继而殇……"

紧接着是近在紧邻的好友、村塾的老师张宜泉家。他们兄弟两户人家四个小孩中有三个被痘疹夺去了生命!坏消息就这样不时地传到贫病中的曹雪芹耳中。

他一边为好友与邻舍痛失爱子爱女而痛惜,一边又不能不一遍遍地仔细审视自己身边所剩的唯一的爱子方儿,日夜提心吊胆,担心痘疹这个恶魔也会不期而至。

方儿这孩子虽因为缺吃少穿,长得像根豆芽菜似的瘦弱,却是绝顶聪明。他的欢笑和无忌童言,已经成了唯一能带给曹雪芹一点儿满足和安慰的天籁之声了。

然而,担心的事情,偏偏真的发生了。这一年的秋天,他的爱子方儿难逃厄运,开始发烧出痘了。

在当时,能用来治痘的具有清心和镇惊功能的最好的药材,是极为贵重的犀角和牛黄。曹雪芹本来就衣食不保,哪有这个经济能力来为爱子搜求这些药物呢?

因而就只能眼睁睁地看着自己的爱子日渐垂危,最后夫妻俩就这么眼巴巴地看着方儿被可恶的痘疹夺去了幼小的生命!

曹雪芹发狂似的抱着儿子哭叫:"方儿乖乖,你不能死,你不该死!该死的是父亲!我对不起你,也对不起你死去的母亲啊……"他哭得那么伤心,简直就要晕死了过去。

芳卿也哭得泪人儿一般。不过,她明白这时候最要紧的是劝慰曹雪芹,要他节哀。他要再有个三长两短,这个家可就彻底完了。她扶住曹雪芹,帮曹雪芹把方儿放回炕上。她劝曹雪芹到外屋歇歇,好给方儿净净身子,换一件干净衣服。

这一切安排停当后,芳卿快步走出门去。她是要去找鄂比老爷,叫鄂比帮把手料理一下方儿的后事。鄂比得知曹雪芹丧子的不幸消息,感叹不已。他知道曹雪芹家里已无长物,就自己携带来几块平时作画用的画板,将就着钉了一个小棺木把方儿盛殓了,运到村外一处乱葬岗子,就地埋葬了。

失子的悲痛几乎要把曹雪芹的精神摧垮了。他每日怔怔地不说一句话。有时他一个人到儿子方儿的坟头上,一坐就是大半晌,别人叫他,他好像也听不见;有时又会突然放声痛哭起来,惊得树上的乌鸦"扑棱棱"乱飞而去。

含恨离世的大作家

对处在贫病中的曹雪芹来说,爱子离世等于夺去了他自己的生命。他悲痛万分,竟数日不吃不喝不眠。他变得更加衰弱了,但还是硬撑着,天天都要到爱子的小坟头去低头流泪,绕着坟墓徘徊。

敦诚、敦敏兄弟俩也好,张宜泉也罢,一个个都沉浸在丧子的悲痛中,暂时都没心思再去顾及远在香山脚下的曹雪芹了。

鄂比时常去曹家劝解,可是不见效果。曹雪芹酒喝得更厉害了,那是喝苦酒、喝闷酒。只是在稍稍酒醒的时候,他要纸要墨,含泪赶写他的书稿。

挨到了这一年的年末,终于有一天,曹雪芹也病倒了。鄂比一边劝慰他,一边帮他整理书稿,劝他来日方长,还是养好身体要紧。曹雪芹眼里满含着泪花,嘴角却流露出淡淡的笑,平静地对鄂比说:

　　该写的写了,该骂的骂了,这个世界,我再也无可留恋的了……

　　乾隆二十八年(1763年)的除夕,富人家正是爆竹声声,笑语欢腾的时刻,一代文豪曹雪芹,却在贫病交加、极其凄凉悲惨的情境下"泪尽而逝"! 这一年他还不到四十九岁。在鄂比这些邻里朋友的帮助下,芳卿强忍悲痛料理丈夫的后事。

　　出殡那天,按习俗要撒一些纸钱。一位来帮忙的老妇人,见曹雪芹家没有别的纸可用,就从曹家柜底下找出一些写了字的纸,剪了剪,权当作纸钱烧了一些,一路上又撒了一些。及至鄂比和芳卿回来后发现,书稿已经所剩无几了。

　　可怜曹雪芹在最后岁月里辛苦经营续写的《石头记》后三十回文稿,就这么散佚了。也有人说,经鄂比赶紧回头去捡拾,大部分又找了回来。不过,这都是一些传说而已。《红楼梦》后几十回之所以未能传世,恐怕主要还是政治方面的原因。

　　正月初二,敦诚家的门人来禀报主人,说有一老者求见,是曹先生家里打发来的。敦诚心中甚喜,心想曹雪芹总是礼数周到,还想着大老远地来拜年,遂命快请进来。

　　进来一位农村打扮的老者,见面先行下礼去,口说叩头,新春大吉大利! 敦诚连忙搀起,作揖谢道:"老人家您辛苦了,大远地进城来。"话未说完,只见老者从怀中掏出一个素白的信封。

　　敦诚吓了一跳,先不接信,忙问:"怎么是白的?"

　　老者忍不住,泪滴于手:"曹二爷没了。"

　　敦诚脸瞬时变了颜色,接信的手在颤动着。

"怎么人就不行了？哪天的事？可留下什么话？"一连串急切地问。

"二爷是年三十儿夜里没的。他家里昨天就让我送信来，我说大年初一，谁没个忌讳，就推到今儿才来。"

"临危有什么说的吗？"

"听说是来不及说什么就不行了。只听说他说过，书给毁了，还没弄齐，死也闭不上眼哪！"

"家里呢？"

"家里，什么也没有，真叫可怜！病重时，也没钱买副药调治调治……"

曹雪芹的离世，使敦敏、敦诚兄弟无比悲痛，他们深悔自己对老友病未能在其侧，殁未能临其穴，更没有尽到延医抢救的责任。两人准备了些东西，择日到曹家吊唁，抚慰曹雪芹的遗孀芳卿。

在西山的一个隐僻处有一小片平地，远远望去可以辨出那是一座小坟头，还是崭新的，上面插着一枝白纸的铭旌幡，在寒风中飘动着。

"这就是一代奇才曹雪芹的归宿吗？上次见面还欢活的人哪……"

敦敏、敦诚兄弟赶到此地，一见这景象，忍不住放声痛哭。敦诚回来所作的两首七律《挽曹雪芹》，留给了后世。凭吊生悲，招魂何处，写出了一个真朋友痛失知交的悲怀，同时作为曹雪芹抱恨而终的见证。其一云：

四十萧然太瘦生,晓风昨日拂铭旌。

肠回故垅孤儿泣,泪迸荒天寡妇声。

牛鬼遗文悲李贺,鹿车荷锸葬刘伶。

故人欲有生刍吊,何处招魂赋楚蘅?

其二云:

开箧犹存冰雪文,故交零落散如云。

三年下第曾怜我,一病无医竟负君。

邺下才人应有恨,山阳残笛不堪闻。

他时瘦马西州路,宿草寒烟对落曛。

曹雪芹生前过从甚密的另一友人张宜泉,在得知曹雪芹死讯后,几天都吃不下饭去。他写有《伤芹溪居士》一首,寄托沉痛的哀思。诗前还写了这样一段小序:

其人素性放达,好饮,又善诗画,年未五旬而卒。

曹雪芹突然悬崖撒手,承受最大打击的还是他的爱妻芳卿。曹雪芹有一口气儿活着,二人总还能相依为命,这一去,可让一个结婚未久即沦为寡妇的孤弱女子怎么度日?据说,芳卿痛定思痛,曾用血和泪写下了这样一首《悼亡诗》:

不怨糟糠怨杜康,乱诼玄羊重克伤。

睹物思情理陈箧,停君待殓医嫁裳。

织锦意深晡苏女,续书才浅愧班娘。

谁识戏语终成谶,窀穸何处葬刘郎!

曹雪芹,一个旷世奇才,一个伟大的小说家,就这样默默地去了。人们真正认识他是一个时代的巨人,认识他的《红楼梦》是中国文学史上辉煌的杰作,都是在他去世以后的事了。

随着时间的推移,他的遗著《红楼梦》伟大的思想和卓绝的文学价值,越来越为人们所认识,所推崇。尽管封建统治阶级及其卫道士百般诋毁、焚禁,人们依然争相阅读《红楼梦》。这部书犹如春风吹绿大地一般,广为传播。

三百多年来,《红楼梦》成为一代又一代青年人争自由、争解放、争婚姻自主的武器库,反封建的教科书。一本小说,能有这么大的思想影响和社会作用,这在历史上是不多见的。

《红楼梦》在文学方面的成就,更是前无古人,今无来者。一部小说,写到了几百个有名有姓各具个性的人物,每一个个性那么鲜明,形象那么生动,仿佛要从纸上呼之欲出:宝玉挨打,黛玉葬花,宝钗扑蝶,晴雯补裘,还有那精明、虚伪而又狠毒的王熙凤,贫穷、善良而又有点儿世故的刘姥姥,一个个都是生活中活生生的人,一个个都是光彩照人、塑造得极为成功的艺术典型。

遭遇篡改的《红楼梦》

敦诚有一位幼叔,名叫额尔赫宜,由他把《石头记》的一部抄本借给了永忠。永忠读了之后,感动得不由自主,写下了三首诗哭吊曹雪芹。

他说:"可恨同时不相识,几回掩卷哭曹侯!"表示了极大的钦慕与憾恨。这已经是曹雪芹殁后五年之事。

富察氏家的明字辈有一个叫明义的,一生在御马圈当差。他读了《石头记》抄本,写诗二十首,末后两首尤为重要。

> 莫问金姻与玉缘,聚如春梦散如烟。
>
> 石归山下无灵气,纵使能言也枉然。
>
> 馔玉炊金未几春,王孙瘦损骨嶙峋。
>
> 青娥红粉归何处,惭愧当年石报伦!

可知明义所见抄本是曹雪芹原著,与现今流传的一百二十回程高本不同。全书的一条主线是大观园中众女儿由聚而散,荣国府之家亡人散,是政治关系的惨局。

到了乾隆四十几年,新封睿亲王淳颖得读《石头记》,也感叹作诗,说曹雪芹的书是"英雄血泪几难收"。

淳颖本是豫亲王多铎的后裔,顺治时老睿亲王多尔衮得了罪,削了爵,直至乾隆四十三年(1778年)才得以恢复了王爵,让淳颖过继承袭爵位。

我们由此可以看到一个极有意味的历史现象:清代的皇家贵胄,对本来是他们的卑贱的奴仆身份的曹雪芹,佩服得五体投地;对着他的书,为他流泪抱恨作诗抒感,思欲一识。并且开始认识到,这不是一位一般的文家才士,而是一位英雄人物!

曹雪芹的意义与价值,并不是清朝帝制被推翻以后,由近代"新人物们的吹捧而抬高的"。上面所叙的那些人是有福气的,他们还能看到曹雪芹的原著真相。自那以后情况就不同了,亿万读者所能看到的是一部真伪杂糅的拼配补续之本。

在此以前,《石头记》只有抄本,价钱很贵,而且犯忌讳,不敢公然流传,有办法得到的人也只能避人偷看。

有一位宗室,与乾隆皇帝是堂兄弟,名叫弘帮,是位著名的画家,也能诗文。他就明白表示:

闻《红楼梦》之名久矣,终不欲观,恐其中有碍语。

由此可见当时人们对此名著的认识非常复杂,是有原因的。

奇怪的是,到乾隆五十六年(1791年),忽然出现了一部木活字排印的"全本",长达一百二十回,号称是曹雪芹原著散失之后,幸而复得其后半四十回残稿的全本。

这个本子不但公开传布,而且卷头公然声称是名公巨卿的鉴赏之书!此本一出,立时风靡天下,从读书的知识分子至学者名流,几乎人人案头有此一书。

这个转变极为惊人。究竟是什么力量能造出这样一个斗转乾坤的局面呢？原来这背后有一段重大的秘密经过。

乾隆皇帝最伟大的文化贡献是下令收集全国的书籍，编纂一部规模浩大、包罗万象的《四库全书》。

这原本是一件好事，但皇帝出于政治顾虑，害怕世人还能看到金代到明代的满汉两族之间的历史矛盾，引起分裂情绪，因而将很多有"碍语"之处暗暗地删、改、抽换若干部分，最不容许留存的则全部焚毁，宫内武英殿设有专门焚书的大炉。

这个主意是一个名叫和珅的宠臣提醒和建议的。和珅后来担任了内阁大学士，成为《四库全书》的总编纂。他权势极大，但品行不端，贪赃枉法。但是他生得清秀，又善于揣测圣意，还有一定的学识，非常受皇帝喜欢。他就是那个名公巨卿，是指挥制造全本《红楼梦》的总策划。

据宋翔凤传述，《红楼梦》是经和珅呈上，并且获得皇帝同意刊印的。这是指什么而言呢？是说最后和珅将删改、拼配的真伪杂糅的假全本呈与皇帝，得到了首肯，认为可以过得去了，命用皇家武英殿修书处活字版的办法印制了，公开流传！

这是一个十分阴险的不动声色、偷梁换柱的歹毒手段，用以消灭曹雪芹的真原本。这件事，乾隆时代不少人知道，但不敢明白记载，仅仅隐约其词地暗示于题记之间，以便后世人还可以考察知悉事情的真相。

这个毒计并不是曹雪芹殁后开始的。壬午年（1762 年）九月的索书甚迫，已然与此有关。曹雪芹、脂砚斋已在设法，考虑如何对付这个严重的局面。

曹雪芹病重以至下世,虽然爱子夭亡也是一个伤害健康的原因,但更悲愤的还是坏人要毁坏他一生的心血。

脂砚斋终于没有办法保护全稿,只勉强将友人处分借的书稿凑齐了,可是已有狱神庙五、六稿为借阅者迷失了!零残的细节,更不计其数。她一力苦撑,做了一些力之所及的补缀工作,勉强弄出了一个八十回的本子,以求问世。曹雪芹临终的死不瞑目,正是这位奇才的深仇大恨。

敦诚挽诗的"邺下才人应有恨""目岂瞑",也正是指此而言。

曹雪芹殁后十来年,乾隆三十九年(1774 年)的八月,脂砚斋在她自己收藏的一个抄本上的开头处批道:

> 壬午除夕,书未成,芹为泪尽而逝。余常哭芹,泪也待尽。每意觅青埂峰再问石兄,奈不遇癞头和尚何?怅怅!今而后,惟愿造化主再出一芹一脂,是书何幸!余二人也大快遂心于九泉矣。甲午八月泪笔。

这就是脂砚斋下世之前最后写的一段沉痛的批语,即可作为绝命词来看了。

她表明曹雪芹泪尽而亡,抱恨的就是书未成。而所谓书未成,并不是说书未作完,而是不敢直言全稿已遭破坏不全,只能说未成。也不敢说希望真本能永存天地之间,不容阴谋破坏,而只能说"再出一芹一脂,是书何幸!"这是多么令人悲愤的深冤至苦啊!

这一对苦命知己,为这部书苦斗了一生,最后留下了这几行

痛心无比、抱恨无穷的泪墨。

　　曹雪芹的一生，并不是一本传记所能表达的。如果要为他镌刻碑文，最好的文词应该就是脂砚斋的泪笔写下的这一段可歌可泣的铭记。